Colônia Espiritual
Amor & Caridade
Dias de Luz

A você, que vai entrar agora nesta linda e reveladora psicografia, desejo muita luz, paz, amor e felicidade. Que as linhas por mim escritas lhe ajudem em sua jornada evolutiva.

São meus sinceros votos,

COLÔNIA ESPIRITUAL
AMOR & CARIDADE
Dias de Luz

OSMAR BARBOSA

PELO ESPÍRITO DE DANIEL

Colônia Espiritual Amor & Caridade
Dias de Luz

Book Espírita Editora
2ª Edição
| Rio de Janeiro | 2019 |

OSMAR BARBOSA

Pelo Espírito de Daniel

BOOK ESPÍRITA EDITORA

ISBN: 978-85-92620-32-5

Capa
Marco Mancen

Projeto Gráfico e Diagramação
Marco Mancen Design Studio

Ilustrações Miolo e Capa
Manoela Costa

Revisão
Josias A. de Andrade

Marketing e Comercial
Michelle Santos

Pedidos de Livros e Contato Editorial
comercial@bookespirita.com.br

Copyright © 2018 by
BOOK ESPÍRITA EDITORA
Região Oceânica, Niterói, Rio de Janeiro.

2ª edição
Prefixo Editorial: 92620
Impresso no Brasil

Todos os direitos reservados e protegidos pela Lei 9.610, de 19/02/1998. Nenhuma parte deste livro pode ser reproduzida ou transmitida por quaisquer formas ou meios eletrônicos ou mecânicos, incluindo fotocópia, gravação, digitação, entre outros, sem permissão expressa, por escrito, dos editores.

Outros livros psicografados por Osmar Barbosa

Cinco Dias no Umbral

Gitano – As Vidas do Cigano Rodrigo

O Guardião da Luz

Orai & Vigiai

Colônia Espiritual Amor e Caridade

Ondas da Vida

Antes que a Morte nos Separe

Além do Ser – A História de Um Suicida

A Batalha dos Iluminados

Joana D'Arc – O Amor Venceu

Eu sou Exu

500 Almas

Cinco Dias no Umbral – O Resgate

Entre Nossas Vidas

O Amanhã nos Pertence

O Lado Azul da Vida

Mãe, Voltei!

Depois...

O Lado Oculto da Vida

Entrevista com Espíritos – Os Bastidores do Centro Espírita

O Médico de Deus

Amigo Fiel

Vinde à Mim

Impuros - A Legião de Exus

Agradecimento

Agradeço, primeiramente, a Deus por ter me concedido esse verdadeiro privilégio de servir humildemente como um mero instrumento dos planos superiores.

Agradeço a Jesus Cristo, espírito modelo, por guiar, conduzir e inspirar meus passos nessa desafiadora jornada terrena.

Agradeço a Daniel e aos demais espíritos ao lado dos quais tive a honra e o privilégio de passar alguns dias psicografando este livro. Agradeço ainda pela oportunidade e por permitirem que essas humildes palavras, registradas neste livro, ajudem as pessoas a refletirem sobre suas atitudes, evoluindo.

Agradeço ainda a minha família, pela cumplicidade, compreensão e dedicação. Sem vocês ao meu lado, me dando todo tipo de suporte, nada disso seria possível.

E agradeço a você, leitor amigo, que comprou este livro e com sua colaboração nos ajudará a levar a Doutrina Espírita e todos os seus benefícios e ensinamentos para mais e mais pessoas.

Obrigado.

A todos, os meus mais sinceros agradecimentos.

Osmar Barbosa

Recomendamos a leitura de outras obras psicografadas por Osmar Barbosa para melhor familiarização com os personagens deste livro.

O Editor

Conheça um pouco mais de Osmar Barbosa:
www.osmarbarbosa.com.br

"A missão do médium é o livro."
*"O livro é chuva que fertiliza lavouras imensas,
alcançando milhões de almas."*

Emmanuel

Sumário

21 | PREFÁCIO

39 | COLÔNIA ESPIRITUAL AMOR E CARIDADE

47 | **DIA 1** – DANIEL

73 | ESCOLA NINA BRESTONINI

91 | **DIA 2** – OS ESTÁBULOS

109 | **DIA 3** – ADMINISTRAÇÃO

123 | O TEATRO DO AMOR

137 | **DIA 4** – HOSPITAL INFANTIL CATARINA
DE ALEXANDRIA

151 | HOSPITAL ESPIRITUAL FRANZ MESMER

163 | A VILA DOS ANCIÃES

177 | **DIA 5** – UM HOSPITAL EM SÃO PAULO

193 | **DIA 6** – O UMBRAL

209 | **DIA 7** – O AMOR, ETERNO AMOR

215 | DE VOLTA À VIDA

Caríssimos, não acrediteis em todos os Espíritos, mas provai se os Espíritos são de Deus, porque são muitos os falsos profetas, que se levantaram no mundo.

1ª Epístola de João, 4:1

Prefácio

Ah, o espiritismo, como é bom ser espírita!

Eu me tornei espírita após um grave acidente; na verdade sempre fui espírita, mesmo sem perceber. Foi durante o coma em que fiquei durante alguns dias que estive em uma Colônia Espiritual pela primeira vez. Logo que cheguei por lá fiquei primeiramente muito chateado por ter morrido. A primeira coisa que veio em minha mente foi o rostinho do meu filho que tinha apenas cinco anos de idade. Eu tinha plena consciência de que eu estava morto. É incrível essa experiência!

Embora eu já frequentasse um centro espírita por dez anos, eu ainda não era espírita como sou hoje. Porque o espírita que não estuda, que não lê, que não se transforma, não aprende tudo aquilo que deve aprender. Não evolui, eu acho!

Assim, logo pensei:

"Cheguei ao céu. Caramba, como é lindo isso aqui!" (meus pensamentos católicos).

Eu cheguei àquele lugar levado por uma intensa luz

branca misturada com tons de azul bem clarinho. Logo me deparei com várias pessoas que dançavam alegremente em um belo jardim. Eu tinha certeza de que estava morto... É impressionante como tudo acontece.

O lugar é divino, um extenso gramado com árvores ao fundo, e as árvores tinham flores coloridas...Tudo lá é muito colorido. O sol é meio alaranjado, não como o nosso, amarelo.

Como não reconheci ninguém de imediato, e me sentindo vivo, vivinho como nunca, me sentei em um banco de madeira de apenas dois lugares, que havia próximo a mim. Um banco do tipo daqueles que temos em nossos jardins, com ripas de madeira e suporte de ferro. Eu estava triste, mas ao mesmo tempo deslumbrado com tanta beleza. Havia uma paz inexplicável dentro de mim. Na verdade, eu estava era muito feliz por estar liberto do meu corpo físico, eu tive essa sensação.

Fiquei ali observando tudo, eu estava realmente muito impressionado com aquele lindo lugar, mas dentro de mim já batia a saudade dos meus familiares e a raiva por tudo aquilo ter acontecido comigo. Eu não estava preparado para morrer. Senti muita raiva do acontecimento que me levou para o céu.

Sem que eu percebesse, minha querida mãe chegou por trás do banco, sorriu para mim e ficou de pé ao meu lado com os braços abertos me esperando para um grande, caloroso e saudoso abraço.

– Mãe! – disse-lhe, emocionado correndo para os seus braços.

Perdi minha mãe quando eu tinha catorze anos de idade, ela morreu em um terrível acidente de carro com meu padrasto Fernando. Foram tempos muito difíceis aqueles.

O acidente que me deixou em coma aconteceu quando eu tinha vinte e seis anos de idade. Eu era muito jovem e estava começando a viver uma das fases mais felizes da minha vida. Eu tinha um excelente emprego e recebia um ótimo salário. Tudo que sempre sonhei estava começando a se realizar.

Naquele instante nem pensei muito nisso, a alegria era imensa no meu coração. Afinal, ela estava ali, vivinha e linda, na minha frente. Levantei rapidamente e me joguei em seus braços, como um filho muito saudoso de sua mãe. Que momento eu vivi naquele dia! Nossa! Só de lembrar sinto-me feliz! E lembro-me sempre, pois é muito real.

Ela sorria, sentou-se no banco e me chamou carinhosamente para me sentar ao seu lado. Batendo no banco com a palma da mão espalmada, me convidou a sentar-se ali, bem pertinho dela.

Imediatamente sentei, e então ela me puxou carinhosamente para deitar-me em seu colo; curvei o corpo e deitei minha cabeça sobre suas pernas, como um filho faz quando precisa de amor e suplica por carinho. Ela, pacientemente, ficou quieta por alguns segundos acariciando minha cabeça; olhava-me fixamente com um olhar de felicidade e ternura. Ela continuou a acariciar meu cabelo e disse:

– Acalme-se, meu filho!

Então eu lhe disse:

– Mãe, que bom que você está aqui! Que saudades de você, mãezinha querida! Nossa, não tenho palavras para expressar minha alegria, mãe! Que bom que você está no céu!

Ela sorria e continuava a acariciar os meus cabelos.

– Osmar, ninguém morre. Você vai ter que voltar. Você ainda tem muita coisa para fazer – disse minha querida mãe.

– Mãe, eu não vou voltar. Eu não quero voltar – dizia-lhe suplicando. É impressionante como temos a certeza de que estamos em outro lugar, outro mundo, outro plano.

Ela serenamente continuava a me acariciar e disse:

– Tudo tem sua hora, meu filho. Agora é hora de você voltar. Seja um bom pai, um bom homem, seja honesto, sincero e bom.

– Mas mãe, eu não quero voltar... Mãe.

Sem que meus apelos fossem atendidos naquele momento, eu acordei. Haviam se passado alguns dias e eu acabara de acordar do coma.

Eu estava entubado em uma UTI. Fiquei com muita raiva de mim mesmo. Eu queria mesmo é estar morto para poder ficar ao lado de minha querida mãezinha. Como foi bom e inesquecível aquele momento com ela! Que saudades!

A partir dali renasci para uma vida diferente. Primeiro, busquei em outras religiões as respostas para tudo aquilo que havia experimentado naquele dia. Eu já havia experimentado duas outras situações de desdobramento, mas não entendia muito bem o que acontecia comigo. Eu nunca tinha ouvido falar de Allan Kardec, tipos de mediunidade etc. Após muito estudo e dedicação, foi no espiritismo que encontrei as respostas certas para todos os meus questionamentos.

Foi lendo os livros de Allan Kardec, Chico Xavier, Herculano Pires e outros que me encontrei. Foi assim que renasci espírita.

O tempo foi passando, e me tornei tarefeiro de alguns centros espíritas, até que um dia meu mentor espiritual pediu que eu abrisse meu primeiro centro espírita. Atendendo e seguindo as orientações dele, eu abri o primeiro centro espírita; isso aconteceu em 1988 e até hoje dirijo o mesmo centro espírita.

Com o passar dos anos de muita luta e trabalho, muitas coisas que me foram sendo reveladas, hoje trago e compartilho por meio dos livros que psicografo. O nosso centro espírita foi se adequando às informações trazidas nos livros que psicografei; e ainda se adapta às informações que chegam da Colônia Espiritual Amor e Caridade. A primeira coisa que todo médium deve aprender é que tudo é merecimento. Nada, nadinha mesmo, vem de graça, nem do mundo espiritual. Você só vai saber um pouco mais das coisas do mundo espiritual à medida que transforma seu coração. Por meio das transformações que você precisa fazer na sua vida, pelo que há de melhor a ser descoberto em você. Estamos aqui para nos descobrir, nos revelar e nos transformar. Evoluir é a questão!

Assim acontece comigo todos os dias, e eu creio que aconteça com todos nós...

Ser médium é uma imensa responsabilidade e uma enorme tarefa. Se as pessoas que julgam as outras as conhecessem em seu íntimo, certamente o juízo que fazem seria muito diferente. Hoje enfrento desafios pessoais diários pelas minhas escolhas. Não é fácil publicar um livro. Não é fácil psicografar um livro, não é fácil ouvir as críticas após a publicação de um livro – não que críticas sejam ruins, elas não são – o que não acho justo são os julgamentos que as pessoas do próprio espiritismo fazem de pessoas que elas nem sequer conhecem, que nem sequer leram um livro do referido autor. Não conhecem sua história e muito menos o que elas fazem com os recursos oriundos das vendas dos livros. Criticam dizendo: "Isso não é espiritismo", como se fossem conhecedoras da verdade absoluta, donas da verdade.

O problema do espiritismo não está nas pessoas que acompanham o espiritismo e seus adeptos, e sim naqueles espíritas que acham que sabem tudo sobre o espiritismo. Maus espíritas, pessoas que estão dentro dos centros espíritas com uma só intenção: mentir dizendo-se seguidoras de Jesus, enquanto na verdade pregam a desunião e a desordem. Não é fácil ser espírita. Não é fácil ver pessoas falando daquilo que nunca experimentaram. Lembremo-nos de que tudo começou depois que visitei a primeira Colônia Espiritual. É muito difícil para mim aceitar os julgamentos sem um juízo de causa. É muito difícil ouvir pseudos espíritas dizendo isso ou aquilo dos novos escritores desta renovada religião.

Os espíritos são os melhores amigos que podemos ter. E eles sempre me dizem: "Siga em frente".

Allan Kardec não criou essa ou aquela denominação espírita, fomos nós que nos distanciamos e nos separamos do propósito maior da codificação, da revelação! "Kardec não criou o Kardecismo".

Hoje o que vemos são espíritas disso, espíritas daquilo, isso está na codificação, isso está fora da codificação... Como assim? Quando é que teremos uma nova codificação? Talvez daqui a 2 mil anos?

Se Kardec escreveu seus livros conversando com os espíritos, por que os autores da atualidade não estão escrevendo a mesma coisa? Por que você acha que sua opinião é a que está correta? Por que você se acha mais conhecedor do espiritismo do que aqueles que estão em contato com os espíritos há muitos anos? Como assim – isso é espiritismo e isso não é?

"Não julgueis para que não sejais julgados." Não é esse o ensinamento?

Tenho cinquenta e oito anos de idade, sou pai de cinco filhos e avô de duas netas. Fiquei órfão aos catorze anos como vocês puderam ver acima. Morei na rua, passei fome, senti frio, ganhei muito dinheiro pelo meu esforço pessoal e profissional, embora não tenha nenhum bem material. Tudo o que conquistei por meio do meu trabalho, doei em vida. Foi logo após me desprender das coisas materiais que começaram a chegar os livros. "Quando você se liberta do mundo o mundo se liberta de você."

Desde muito novo tenho a meu lado uma linda falange de espíritos amigos. Até hoje, quando tento expor tudo o que sinto, vejo e sei sobre espíritos, tenho que ter cuidado para não ser julgado. Mas toda vez que enfrento essas dificuldades tento me colocar no lugar de Chico Xavier, que sofreu até seu último dia de vida por ser diferente e sofre até hoje.

Para se ter ideia, para psicografar este livro dediquei mais de vinte dias em desdobramento, entrando e saindo do mundo espiritual. Após escrevê-lo tenho ainda que revisá-lo, e perco mais de dois meses até o livro ficar totalmente pronto; e isso demora em média de seis meses a um ano. Embora seja um prazer imenso e inexplicável fazer isso, é muito desgastante e perigoso fazê-lo.

Recebo visitas diárias de vários espíritos: uns querem me fazer mal, outros querem se comunicar com seus familiares, outros me odeiam pelo simples fato de eu pregar a palavra de Deus. Outros me pedem para contar suas histórias e por aí vai; dificilmente tenho uma noite inteira de sono. Minhas madrugadas são sofridas. Você já pensou nisso? Como sofre um médium para levar adiante seu trabalho.

A cada dia que passa nosso plano espiritual fica mais denso. A cada dia que passa mais nos distanciamos do amor de Jesus. Hoje em dia o ódio está predominando em nosso planeta. Espíritos poderosos estão encarnados e trazem ao seu lado uma legião de obreiros do mal. O ódio é o tema. Hoje em dia mata-se por prazer. Milhares de famílias são destruídas todos os dias pela ganância, pela desonestidade e pelo poder. Os valores estão invertidos, não se fala mais do amor de Cristo com tanta frequência. Nós, espíritas, sabemos que faz parte da regeneração tanto sofrimento; mas nós, médiuns, estamos no fogo cruzado. Somos os primeiros a serem atingidos pela falange do mal.

É incrível como as federações estão fechadas dentro de si mesmas, quando o maior instrutor nos orientou que:

"O resultado do que fazemos nos espera mais adiante."

Allan Kardec

Quem somos nós para apontar o dedo para esse ou aquele autor que está escrevendo sobre o espiritismo? Somos carteiros do amor, como nos disse Chico Xavier. Cada um com sua responsabilidade! Como nos disse Kardec acima: "O resultado do que fazemos nos espera mais adiante".

Será que você não tem medo de julgar?

Quando os Evangelhos chegaram pelas mãos de Allan Kardec, eles vieram de diversas partes, escritos por diversos médiuns, em diversos lugares, cidades, continentes e países... E assustaram naquela época. Em Barcelona foi realizado um Auto de Fé, que foi uma expressão notabilizada por Allan Kardec para se referir à queima, em praça pública, de trezentos livros espíritas, realizada no dia 9 de outubro de 1861. *O livro dos Espíritos* foi um dos que foram queimados em praça pública. Ninguém acreditava naquele autor, alguns não acreditam nele ainda nos dias de hoje.

Quando alguns autores começaram a escrever sobre as Colônias Espirituais, eles foram rejeitados pelas federativas. Hoje é tema mais usado pelos grandes palestrantes nos grandes congressos sobre espiritismo no mundo todo.

Assim, quem somos nós para julgar esse ou aquele escritor, que está em contato com o mundo dos espíritos?

Minha querida avó me dizia: "Coração dos outros é terra que ninguém pisa".

Façamos uma reflexão...

A lei de Deus está escrita na nossa consciência...

Na questão 621 de *O Livro dos Espíritos*, Allan Kardec nos assegura que:

"Onde está escrita a lei de Deus?"

"Na Consciência."

Diante da quantidade de informações que recebemos hoje do mundo espiritual e da facilidade de se obter esclarecimentos, nenhum de nós terá dificuldade em saber o que é certo e o que é errado.

A humanidade já atingiu um estágio evolutivo que permite a cada criatura – fazendo a devida análise, é claro! – saber como direcionar sua vida e aproveitar as informações que chegam a todo momento, para evoluírem ainda mais.

Particularmente, eu acredito que Allan Kardec deu o primeiro passo; agora centenas de bons médiuns e centenas de escritores estão trazendo informações preciosíssimas para a nossa evolução. Pessoas comprometidas com o bem maior, pessoas honestas, trabalhadoras da última hora!

O que existe sim – e isso é de fácil verificação – é que um abismo se abre entre o que sabemos realmente, o que praticamos e aquilo que exercemos diariamente nas instituições espíritas espalhadas pelo mundo. O ego e as vaidades são nossos maiores inimigos.

Muitos autores, dirigentes e médiuns famosos estão com o dedo em riste, acusando esse ou aquele autor sem ao menos conhecer suas obras de caridade. Principalmente os autores federados. É lamentável que preguem o amor e disfarçadamente distribuam o ódio. Nem ao menos querem saber para onde se destinam os recursos oriundos das vendas desses livros. Não conhecem quem está reescrevendo o espiritismo. Não querem tomar consciência de que Ele trabalha intensamente para o bem de seus amados filhos. Tudo se transforma, tudo se modifica, estamos em evolução.

Imaginemos que durante 2 mil anos só tivemos praticamente a *Bíblia*, o *Alcorão* e a *Torá* como referências da palavra de Deus. *O Evangelho Segundo o Espiritismo* não condena a *Bíblia*, ele a interpreta dentro das realidades de 150 anos atrás. Já se passaram 150 anos...

Agora, os médiuns estão simplesmente trazendo-nos informações atualizadas que só têm um objetivo: auxiliar a evolução de todos!

Por isso o respeito ao desconhecido é muito importante para todos nós. De novo repito as palavras do Messias:

"Não julgueis, para que não sejais julgado."

Temos a absoluta certeza de que perdoar aqueles que nos ofendem é a decisão mais acertada, que somente nos proporciona benefícios. No entanto, exercitar o perdão no cotidiano não é tarefa para qualquer um, na verdade é um desafio para nossa evolução.

Ninguém ignora que a alimentação em excesso é tão prejudicial ao organismo quanto a falta dela, mas comer com disciplina não é tão simples como parece. Ser espírita nos dias de hoje, muito menos.

Sabemos também que, para galgarmos posições de destaque no meio social em que vivemos, agindo com hombridade, não podemos dispensar o esforço, a perseverança e a determinação, mas fazer uso de tais virtudes não é comum no mundo em que vivemos. Não é comum na atualidade!

Conhecemos, em detalhes, a lei de causa e efeito, de ação e reação, em que cada um colhe exatamente o fruto da árvore que plantou, e que a vida nos devolve o que a ela damos. No entanto, ainda continuamos fazendo o mal, sabendo que os reflexos dele respingarão em nós, trazendo toda a gama de prejuízos e dores que lhes são próprias.

É do conhecimento e entendimento de todos que o bem praticado, seja onde e como for, será sempre o nosso advogado de defesa em toda parte e em todas as circunstâncias da vida, mas ainda relutamos em compreendê-lo e praticá--lo diariamente.

Em verdade, não desconhecemos a lei de Deus, pois está escrita em nossa consciência eterna, apenas ainda não estamos dispostos a vivenciá-la, compreendê-la, aceitá-la; e então cultivamos a indiferença, a omissão e o descaso; seguimos o nosso roteiro de infelicidades, depressões e traumas.

Alguns se valem de argumentos falhos para agradar àqueles que os sustentam.

É preciso observar e ter muito cuidado, porque a desculpa de que não sabíamos não valerá quando estivermos frente a frente com os reflexos das ações infelizes, que porventura tenhamos praticado ou quando fizemos o nosso próprio juízo daquilo que desconhecemos.

Fazendo uso do bom senso e da racionalidade, não teremos dúvidas de quais direções devemos seguir. E não precisaremos ser dotados de profunda inteligência para deliberarmos com acerto e equilíbrio, mas sim, refletirmos maduramente sobre o que é bom e o que não é, sobre o que é verdadeiro e o que não é.

Estamos errando muito, meus irmãos, pela rebeldia e por indisciplina, preferindo jogar a culpa pelos nossos equívocos sobre os ombros alheios, pensando que assim agindo, enganaremos a Providência Divina, que, ludibriada pelas nossas ações disfarçadas, nos socorrerá, evitando a colheita da safra de infortúnios e dissabores que plantamos.

É chegada a hora de abrirmos ainda mais a nossa consciência sobre tudo o que Deus criou para Seus filhos, precisamos definitivamente olhar para Deus com toda a Sua supremacia, e que tudo lhe é lícito quando se diz respeito à felicidade de Seus filhos.

Precisamos nos desprender de velhas palavras, dos velhos livros, das velhas promessas, dos velhos ensinamentos, dos velhos costumes e de velhos hábitos. Deus criou e cria, a todo instante; imagine, se Deus ficasse preso a velhos ensinamentos, viveríamos em uma terra de caolhos e desdentados.

"Dente por dente, olho por olho..."

Com coragem podemos identificar a nossa má vontade e trabalhar para superar as más inclinações. Definitivamente temos que transformar nossos velhos pensamentos, velhos costumes, em novas atitudes e realizar diariamente as transformações necessárias para definitivamente alcançarmos o Divino, que há dentro de cada um de nós. O que não podemos mais é afirmar que não sabíamos, que não lemos em algum livro, ou que não ouvimos dizer... Sabemos sim, ouvimos sim, se não pela voz dos livros, pela voz de nossa consciência eterna... Talvez não estejamos com vontade de fazer as coisas certas... Mas já sabemos diferenciar o certo do errado, e pagaremos por ele.

Este livro traz revelações muito importantes para os estudiosos do espiritismo. Nesta obra, você poderá saber tudo sobre uma Colônia Espiritual. Leia com amor e atenção, pois como nos disse Jesus:

Não se turbe o vosso coração. Credes em Deus, crede também em mim. Na casa de meu Pai há muitas moradas. Se não fosse assim, eu vo-lo teria dito. Vou preparar-vos lugar.

João 14:1 e 2

Bem-vindo ao livro Colônia Espiritual Amor e Caridade – Dias de Luz!

Osmar Barbosa

"Levamos da vida física o acúmulo daquilo que realizamos todos os dias!"

Osmar Barbosa

Colônia Espiritual
Amor e Caridade

Existem, no mundo espiritual, cidades espirituais; alguns chamam essas cidades de Colônias Espirituais; outros, de mundos transitórios e por aí vai. Na verdade, eu me encontrei com Daniel na Colônia Espiritual Amor e Caridade. Essa Colônia fica dentro da Colônia das Flores, que é uma das Colônias Espirituais maiores e mais antigas, instaladas sobre o Brasil. Ela fica acima do Estado de Santa Catarina, adentra ao Estado do Paraná, Mato Grosso do Sul e um bom pedaço do Estado de São Paulo. Como todos podem ver, a Colônia das Flores é bem grande.

A Colônia Amor e Caridade foi criada há pouco tempo, há cerca de cento e vinte anos. Ela foi criada para oportunizar alguns espíritos a seguirem aperfeiçoando-se e evoluindo. A Colônia das Flores é especializada no atendimento a pessoas que desencarnam vítimas de câncer. A Colônia Amor e Caridade também tem por especialidade socorrer as crianças, vítimas da mesma doença. Além disso, ela é uma Colônia que auxilia alguns centros espíritas instalados no orbe terreno; alguns dos mentores dessa Colônia auxiliam médiuns a desenvolverem um trabalho de orientação, auxílio, amparo e conscientização da vida eterna aos doentes que são levados a esses centros espíritas. Tudo se comunica segundo esses amigos. Misericórdia divina, dizem eles!

Daniel é o presidente da Colônia Espiritual Amor e Caridade. Ele foi frei e viveu no Brasil há cerca de cem anos atrás. Hoje, preside com muita competência e amor essa divina Colônia.

Fui convidado por ele e outros espíritos a escrever esta obra. E tudo começou com uma pergunta muito simples que fiz a ele. Daniel, então, me convidou a escrevermos juntos o que ele carinhosamente chamou de Dias de Luz. Gostei do nome, embora não tenha tido permissão dele para colocar como título principal deste livro; assim Dias de Luz é o subtítulo desta obra. No final compreendi porque Dias de Luz, vocês verão...

Um pouco mais sobre mim.

Sou médium, escritor e trabalho há aproximadamente trinta e um anos como dirigente de um centro espírita. Nós, médiuns, temos algumas formas de expressar a mediunidade; a minha se expressa de quatro formas diferentes: vidência, desdobramento, psicografia e psicofonia. As que mais utilizo são o desdobramento e a psicofonia. Não gosto muito de psicografar, a não ser os livros que psicografo em desdobramento, e faço isso com muito amor.

Você deve estar se perguntando: o que é mediunidade de desdobramento, não é?

Pois bem. Primeiro vou explicar o que é desdobramento e depois vou falar um pouco sobre mediunidade de desdobramento.

Desdobramento é a capacidade que todo ser humano possui de projetar a consciência para fora do corpo físico, utilizando-se dos corpos sutis de manifestação. O desdobramento pode ocorrer durante o sono, no transe, na síncope, no desmaio, na hipnose, ou sob a influência de alguns medicamentos.

Já a mediunidade de desdobramento é a capacidade que o médium tem de se afastar do corpo temporariamente, ficando ligado a ele por meio de laços fluídicos. Ou seja, é a capacidade que o médium tem de ir a lugares físicos ou espirituais, estando acordado e em transe.

É durante o desdobramento que psicografo meus livros. Eu agradeço muito a Deus por esta oportunidade, embora seja uma missão e não um privilégio.

Durante o desdobramento eu me encontro com espíritos, visito Colônias Espirituais, viajo através delas e assisto a tudo o que escrevo. É durante o desdobramento que os espíritos conversam comigo. Eles são incríveis! São amorosos, atenciosos e muito simpáticos. Não são coisas assustadoras, pelo contrário, são lindos!

Eu já estive várias vezes no Umbral, em desdobramento, quando eu estava escrevendo alguns livros. E também em diversas Colônias. O Umbral é um lugar muito ruim até para quem está indo visitar, acompanhado de espíritos de luz. Eu não recomendo a ninguém passar por lá.

Durante a psicografia do livro *Cinco Dias no Umbral – O Resgate*, Nina e Felipe, que estavam na caravana de resgate a Yara, me levaram para um lugar ainda pior do que o Umbral, um lugar que eles chamam de Trevas. Fiquei muito assustado quando chegamos lá. Ainda bem que o Índio e o Negro estavam lá conosco para nos proteger. As coisas do outro lado são assim, suas companhias serão sua referência quando você estiver por lá.

Espero que você, que está lendo este livro agora, nunca experimente entrar nesse lugar sem estar acompanhado de espíritos iluminados, sem estar acompanhado de amigos sinceros e verdadeiros. Enfim, sem estar acompanhado de outros espíritos. Nesta psicografia fiquei bastante tempo ao lado de Daniel e meus amigos de Amor e Caridade. Você vai ver o quão incrível é o mundo espiritual. Visitei vários setores e conto cada detalhe para você. Foi uma experiência incrível! Então, vamos lá?

"As Colônias Espirituais são nossa próxima morada."

Osmar Barbosa

Dia 1

Dia 1
Daniel

Daniel está reunido com um de seus assessores, o rapaz se chama Marques.

– Tudo preparado, Marques?

– Sim, Daniel.

– Você avisou a todos que receberemos o Osmar?

– Sim.

– Então eu vou até o portão para recebê-lo.

– Posso lhe acompanhar?

– Sim, Marques, vamos até o portão esperar pelo Osmar.

Como já disse antes, Daniel é o presidente da Colônia Amor e Caridade. Ele é o responsável por tudo e por todos que estão lá. Marques é seu assessor direto, é o mais íntimo e mais próximo do iluminado dirigente espiritual, é ele quem cuida da agenda de Daniel. Tudo no mundo espiritual é muito parecido com as coisas aqui da Terra, você verá nas linhas a seguir.

Marques mede aproximadamente 1,68m de altura, é de pele clara, de cabelos curtos e bem cortados e barba sempre bem feita. Seu cabelo é negro e seus olhos castanho-claros. De sorriso fácil, está sempre ao dispor daqueles que necessitam de alguma informação sobre o funcionamento da Colônia. Ele está sempre apressado, como se fosse sua última hora de trabalho, e todos brincam com ele por esse seu jeito de ser.

Daniel e Marques caminham juntos até o portão principal da Colônia aonde todos que chegam são recebidos por amigos, familiares ou mentores espirituais.

Sempre que sou transportado às Colônias me sinto imerso em uma névoa azulada, aquela que vimos no começo deste livro. E quando saio dela estou seguindo sempre em direção a alguma Colônia. Já visitei várias. As que mais visitei foram Nosso Lar, Regeneração e Amor e Caridade.

Nosso Lar, Regeneração, o Umbral e outras Colônias eu nunca visitei sozinho, sempre que estive nesses lugares estava acompanhado de mentores de Amor e Caridade. Mas sempre que entro em desdobramento sou levado à Colônia Amor e Caridade.

As Colônias Espirituais são muito parecidas com as nossas cidades. Existem prédios, casas, templos, árvores, jardins, lagos, florestas, céu com nuvens, pássaros e muito mais. Não há nada de sobrenatural por lá, tudo é muito bonito e aconchegante.

Os espíritos que habitam as Colônias são carinhosos, atenciosos e estão sempre preocupados com o que estão fazendo, ou seja, não perdem tempo com bobagens. Foram poucas as vezes que eu os vi descansando ou conversando sentados nos jardins das Colônias.

Após o transe, finalmente cheguei à colônia mais uma vez.

Na entrada da Colônia Espiritual Amor e Caridade há um lindo gramado e um enorme portão que mede aproximadamente uns sete metros de altura por uns seis de largura. Nossa conversa começa logo na chegada.

– Olá, Daniel! – eu disse abraçando o mentor, sem disfarçar minha alegria!

– Seja bem-vindo, Osmar! – disse-me ele.

– Oi, Marques!

– Oi, Osmar – disse Marques me abraçando carinhosamente.

– Que bom estar aqui mais uma vez com vocês! – eu disse.

– Nós é que ficamos felizes com a sua visita – disse Marques.

– Vamos escrever o segundo volume sobre a Colônia, Daniel?

– Sim, Osmar. Já está na hora de as pessoas saberem um pouco mais sobre nossa Colônia e demais Colônias Espirituais; é bom vocês irem se familiarizando com a próxima morada.

– Sinto-me lisonjeado em ser o porta-voz dessas informações, Daniel.

– Sinta-se mesmo, pois muitos gostariam de receber esta oportunidade.

– Eu me sinto sim, pode ter certeza disso.

– Nós sabemos, Osmar – disse Daniel.

– Daniel, antes de entrar, posso saber o por que desse muro? Por que ele existe e de que é feito? (Há um enorme muro cercando a Colônia.)

– As Colônias Espirituais são, na verdade, cidades transitórias. Todos os espíritos vão passar pelas Colônias antes de ascenderem a outros planos ou voltarem a reencarnar. Sendo assim, uma cidade precisa estar resguardada e segura para os seus moradores.

– Há perigo aqui?

– Sim, há perigo em toda parte. Os espíritos são livres. Ninguém fica preso em um lugar. Lembre-se, Deus é amor. Essa história de céu e inferno não existe, somos livres. O Universo é o habitat dos espíritos. Sendo assim, inimigos do amor podem e tentam a todo tempo atrapalhar nosso trabalho. Eles tentam atrapalhar a evolução.

– Eles vêm aqui e tentam entrar?

– Sim, por isso existem esses muros – diz o mentor.

– De que material são feitos esses muros?

– Fluidos condensados por espíritos de ordem superior.

– Como assim?

– A vida é uma grande alquimia, Osmar. Tudo no Universo é uma grande alquimia. O verme que come a sua carne após a morte já está no seu corpo físico, ele fica ali adormecido durante toda a existência da vida até o momento certo para agir, alquimia. Tudo é assim! Deus criou fluidos em abundância, e esses fluidos são o elemento que faz e permite que tudo seja feito, aqui e em qualquer lugar!

– É, aprendi um pouco sobre isso na psicografia do livro *Entrevista com Espíritos*. Eles me mostraram que tudo é alquimia.

– É dessa forma que o Universo rege suas próprias leis. Fluidos, energias, elementos, desejos, pensamentos, ações, reações e muito mais.

– Quer dizer que Deus criou fluidos, energias e tudo mais que ao se encontrarem se transformam em outras coisas?

– Os fluidos regem as leis do Universo, eles se encontram e traçam um novo destino. Isso já foi preestabelecido na Criação. Tudo se atrai, e ao se atraírem, causam uma ação provocando inevitavelmente uma reação. Os fluidos e energias têm suas obrigações e atividades vinculadas.

– Você pode me explicar melhor?

– Sim. Deus já deixou tudo preparado. À medida que o espírito evolui, ele aprende a condensar esses fluidos; e por meio da sua condensação, ele realiza outras coisas. Exemplo: quando o espírito aprende que é só amando que ele vai conseguir seguir por caminhos melhores, ele deixa de lado o que não é amor. Assim é aqui, e em diversas Colônias Espirituais; e ainda há espíritos de uma ordem ainda maior, de uma grandeza maior, de superioridade.

– Basta aprender a amar? – perguntei-lhe.

– Se fosse assim seria muito simples, você não acha, Osmar?

– Pensando como espírito, eu acho que sim.

– Pois bem, você precisa aprender a amar, a perdoar; precisa aprender a ser humilde; precisa aprender a ser honesto, a ter caráter, a não julgar, a acolher, a ser caridoso, a ser um instrumento de Deus para com os seus semelhantes; enfim, aprender a praticar as leis divinas!

– Nossa!

– Pois é, Osmar, até chegar ao grau evolutivo que lhe permite fazer um muro desses, você precisa de centenas de encarnações, muito aprendizado e muita mudança interna.

– Mas e se eu voltar agora à minha encarnação e fizer tudo isso que você está me orientando, o que acontece?

– Você vai dar um grande passo para a sua vitória, para o nirvana.

– Como assim, *vitória*?

– Aqui o que mais temos são espíritos vitoriosos, abnegados trabalhadores do bem, que lutaram muito para estarem eternamente na vida espiritual. Nada é de graça, tudo o que você quiser, terá que conquistar. Vai ter que construir, vai ter que merecer!

– Há castigo para quem não compreender tudo isso?

– Você acha que oportunizar é castigo?

– Sinceramente?

– Sim!

– Acho que após uma vida de luta e sofrimento encarnados na Terra, deveríamos ficar descansando.

– Você está muito católico para ser espírita.

– Perdoe-me, Daniel, como assim?

– Na verdade, todo espírita é um católico fracassado – disse Marques entrando na conversa.

[Risos]

– Foram muitos anos encarnando e desencarnando como católico; logo, é natural que esse sentimento ainda reflita na sua encarnação atual. Quem sabe daqui umas trinta encarnações como espírita você esteja mais espírita?

– Deus me livre, mais trinta encarnações.

[Risos novamente]

– Parece engraçado, mas não é – adverte Daniel.

– Vocês ainda vivem como católicos. A maioria dos espíritas carrega consigo imagens de santinhos na carteira, na pulseira ou em um belo cordão pendurado no pescoço, ou ainda as tem em casa. É natural tudo isso, já que nada se perde.

– Isso terá alguma utilidade na minha vida espiritual?

– Se não tivesse utilidade para os filhos d'Ele, não existiria.

– Nossa, eu não tinha pensado assim.

– Osmar, você tem que ter a consciência de que todos nós somos filhos de um Deus de amor. Sendo assim, nenhum de nós está desassistido por Ele. Essa é a grande tarefa de todos os espíritos que chegam aqui e que já alcançaram algum grau evolutivo. Nós só evoluímos quando auxiliamos nosso semelhante a evoluir. Assim sendo, quando você desencarna e não tem mais a necessidade de se ajustar a ninguém no plano físico, você fica aqui nas Colônias a serviço daqueles que ainda não conseguiram evoluir. E à medida que você auxilia esses irmãos, você evolui ainda mais, junto com eles.

– Quer dizer que quando terminar minhas encarnações vou ficar aqui no mundo espiritual auxiliando a humanidade?

– Para auxiliar a humanidade, você precisa de milhares de anos evolutivos, assim como Jesus.

– Então, por favor, me explica, Daniel!

Daniel me puxa carinhosamente pelo braço, e juntamente com Marques adentramos a Colônia caminhando lentamente um ao lado do outro.

Na entrada principal há uma grande avenida de onde posso ver vários prédios perfilados à minha direita; e à minha esquerda vejo amplos gramados. Há vários jardins com flores coloridas. Pássaros sobrevoam o lugar. Pude ver uma espécie de nave, ou melhor, um vagão de trem que flutua, levando dentro vários espíritos sentados olhando a paisagem.

– Evoluir e aperfeiçoar-se, Osmar – prossegue o mentor. – É o destino de todos os espíritos. O grande equívoco que há é que os encarnados acham que a evolução está à venda.

– Como assim, Daniel?

– A maioria dos encarnados acha que Deus é mais um empregado deles. Eles acham que podem chegar aqui após ganharem fortunas na Terra e serão recebidos como reis. Estão enganados. Aqui todos são iguais e são avaliados por aquilo que fizeram de bom ao seu semelhante. Sendo assim, as Colônias são lugares de muita tristeza e muito desapontamento. Muitos ficam arrasados quando chegam aqui. E pior: não sabem como consertar o erro que cometeram.

– Meu Deus! – disse-lhe.

– *Tá* vendo?

– O que, Daniel?

– Você está colocando Deus onde não deve.

– Como assim?

– Todos vocês acham que Deus tem que resolver seus problemas. Ele já lhes deu a vida, o que é que vocês querem mais? Ele criou o céu e a terra para a felicidade de Seus filhos. Ele oportuniza Seus filhos todos os dias. Todos vocês recebem diariamente uma página em branco para escreverem a sua evolução. O que é que vocês querem mais?

– É que, sei lá...

– Pois é, vocês estão muito católicos para serem espíritas. Vocês se separaram. Vocês estão julgando outros espíritas, mesmo sem saber quem eles são, sem ter lido uma linha do que estão escrevendo. Vocês abrem centros espíritas como se abrem lojinhas para vender aquilo que acham ser espiritismo. Vocês estão se separando quando era para estarem se ajuntando. Hoje, há centro espírita disso, centro espírita daquilo, casa espírita disso, casa espírita daquilo, federação espírita disso, federação espírita daquilo, associações espíritas disso ou daquilo; e nós ficamos aqui, tentando nos comunicar, mas ninguém quer nos ouvir. Centenas de mensagens estão chegando todos os dias à Terra, mas ninguém ouve.

– Perdoe-me, Daniel!

– Não peça perdão, escreva! Eu não estou brigando com você! Apenas estou desabafando para que você escreva o que realmente eles precisam ler. Deus ordenou que o planeta Terra fosse regenerado. Você sabe as consequências disso?

– Não.

– Pois bem, vou lhe explicar.

Eu, Daniel e Marques nos sentamos em um banco muito parecido com aquele em que sentei com minha mãe quando estava em coma. Eu me sentei no meio dos dois. Havia uma linda menina de aproximadamente vinte anos que se aproximou de nós.

– Bom dia, Daniel!

– Bom dia, Luzia!

– Bom dia, Marques?!

– Oi, Luzia.

– Bom dia, senhor!

– Bom dia – disse-lhe.

– Daniel, me perdoe o incômodo, mas a Nina me pediu para lhe avisar que já está tudo pronto para receber o Osmar.

Meu coração acelerou de emoção.

– Nós estamos terminando uma conversa e logo iremos para lá, avise-a, por favor, Luzia.

– Pode deixar, Daniel. Até logo, senhores.

– Tchau, Luzia – disse. – Daniel você vai me levar para ver aonde a Nina trabalha?

– Neste livro nós vamos mostrar toda a Colônia para vocês. E vamos mostrar ainda como tudo funciona, vamos mostrar como resgatamos espíritos e como eles são tratados até a compreensão e escolha do que fazer para seguir evoluindo.

– Nossa!

– Agora vamos concluir nossa conversa sobre a regeneração?

– Sim, claro.

– Após cumprir um ciclo evolutivo, todos os planetas precisam ascender à nova era. Assim a Terra passa por esse momento.

– Espiritualmente, o que é que está acontecendo?

– Está sendo separado o joio do trigo, como Jesus prometeu.

– E para onde vão esses espíritos que não mais reencarnarão na Terra?

– Para planetas ainda em desenvolvimento.

– Como assim? A Terra é um planeta em desenvolvimento!

– Sim, mas a Terra neste exato momento está sendo preparada para entrar em uma nova fase de desenvolvimento, uma nova era.

– Você pode me explicar melhor?

– Sim. A Terra passa por um momento em que os espíritos que expiaram nela por diversas encarnações serão exilados para outro planeta, onde a sua vibração espiritual esteja mais condizente. Assim, só ficarão lá aqueles que compreenderam essa transformação e seguiram junto aos espíritos que estão chegando para ascender a uma nova era, a era da regeneração.

– Os cristais?

– Sim, os cristais.

– E de onde eles estão vindo?

– De planetas que já foram transformados. Eles agora recebem a oportunidade na Terra. Uma oportunidade de auxílio que muito nos evolui. São missionários! Milhares de espíritos que vivem nas Colônias também auxiliam nesse processo, afinal estamos aqui para cuidar daqueles que amamos muito e que ainda não compreenderam que precisam evoluir.

– Entendi, é como se trocasse os operários de uma fábrica.

– Pode-se usar esse exemplo – disse o mentor.

– Eu pensei assim. Termina um turno cansado, esgotado e entra um turno novo, de espíritos revigorados e felizes.

– Para que a indústria não pare, trocam-se os operários – disse Marques.

– Agora entendi bem. Esses operários que estão cansados são, na verdade, aqueles espíritos que viveram aqui durante muitos anos e não compreenderam, não evoluíram; assim, o dono da fábrica troca os operários para que a indústria não pare.

– Isso, Osmar! A maioria dos espíritos que estão encarnados hoje tiveram centenas de oportunidades, mas não quiseram evoluir. Assim o dono da fábrica, que já tem outra fábrica construída recentemente em outro lugar, ordenou que os operários fossem transferidos para essa fábrica onde todos terão uma nova oportunidade.

– Isto se chama?... – perguntei.

–... Amor – respondeu Marques.

– Sim, porque quem ama não pune... Oportuniza, isto é, oferece novas oportunidades – ressaltou Daniel.

– Caramba! – disse-lhe.

– Agora vamos ao encontro de Nina, Osmar?

– Claro que sim, Daniel!

Levantamos e nos pusemos a caminhar pela grande avenida. Como já disse, há vários prédios, e entre um e outro há jardins floridos e bancos: uns brancos, outros de madeira, outros de um material que parece cimento.

À nossa frente havia um prédio redondo com altura aproximada de trinta metros, todo revestido de vidro. Na verdade, o prédio todo era parecido com um grande farol. Saíam luzes dele para todos os lados. Havia um feixe maior de luz que descia do céu e entrava no centro do prédio; essa luz era muito forte e entrava por cima da cúpula do lindo e esverdeado prédio.

– Nossa, Daniel, agora é que estou observando melhor! Como é lindo esse prédio! E quanta luz sai dele e entra nele!

– Este é o prédio da regeneração – disse-me Daniel.

– O que tem lá dentro?

– Espíritos evoluídos trabalhando no refazimento do perispírito dos irmãozinhos que são resgatados do Umbral e chegam aqui muito debilitados.

– Então é para cá que os espíritos que estavam sofrendo no Umbral são trazidos?

– Sim, é neste prédio que tudo recomeça. Ali, os irmãos aflitos chegam muito sofridos e recebem os fluidos necessários ao seu reequilíbrio. É importante você saber que esse é um dos postos de socorro. Todas as Colônias têm um prédio como esse.

– Eu posso ver como tudo funciona?

– Infelizmente não podemos entrar lá neste momento. Para que possamos entrar é necessário agendar nossa visita. Afinal, eles estão trabalhando muito, e nosso intuito é não atrapalhar, não é mesmo? Mas Marques já teve o cuidado de agendar sua visita; muito em breve você poderá conhecer e ver como tudo funciona lá.

– Obrigado, Daniel, perdoe-me querer me intrometer onde não devo.

– Não é questão de intrometer-se, o termo certo é satisfazer sua curiosidade. Ela vai ser satisfeita, só precisamos cumprir as regras.

– Verdade! – disse-lhe. – Desculpe minha curiosidade, Daniel.

– Os espíritos em evolução são muito curiosos – afirmou o mestre.

– Daniel, por que existem as Colônias Espirituais?

– As Colônias Espirituais foram criadas antes mesmo de o planeta Terra receber a primeira alma. Tudo é muito bem organizado aqui no mundo espiritual, Osmar. Ele, que tudo sabe e tudo vê, sabia da necessidade desses postos de apoio evolutivo aqui na vida espiritual. Todos que encarnam precisam de apoio para superar as provas. As idas e vindas à encarnação são necessárias a todos os espíritos. É encarnando que o espírito desenvolve o que de melhor há dentro dele. A encarnação é um exercício necessário a todos. A Terra e os demais planetas são escolas evolutivas. É frequentando a escola que todos aprendem as lições, e é por meio das lições que todos evoluem. Provas e expiação. É isso!

– Perdoe-me a intromissão novamente, mas você já não reencarna mais; pelo que eu tenho estudado e conheço a seu respeito, você já não vai mais encarnar, Daniel. Por quê?

– Eu posso sim, me oferecer ou mesmo aceitar uma encarnação, seja ela expiatória ou evolutiva.

– Como assim, Daniel?

– Os espíritos são e serão sempre livres para decidirem sobre seu estágio evolutivo. Eu atingi um estágio nessa grande jornada evolutiva. Posso permanecer nele se melhor me convier, ou posso buscar evoluir ainda mais, para alcançar planos superiores na escalada evolutiva.

– Quer dizer que existem mundos acima deste em que estamos agora?

– Exatamente assim. O Universo é subdividido em estações evolutivas. Estamos agora – eu, você e o Marques– em uma dessas estações. Alguns nem conseguiram chegar até nós, mas outros já transcenderam e estão bem acima desse plano onde está a Colônia Amor e Caridade. Acima desta estação evolutiva.

– Deixe-me ver se entendi: estou aqui agora. Se eu desejar aumentar meu conhecimento divino, preciso evoluir mais. É isso?

– Sim, só se elevam aos olhos do Criador aqueles espíritos que experimentam as provas evolutivas da alma, ou que se predispõem ao trabalho nas Colônias. Quando está encarnado você é alma, e quando deixa o corpo físico você volta para o mundo dos espíritos, daí você volta à sua condição original, que é a de espírito.

– Entendi, Daniel, mas por que você está aqui e não encarnado para evoluir ainda mais?

– Quando trabalhamos no mundo espiritual é quase a mesma coisa que estarmos encarnados. Pode não parecer, mas aqui há desafios evolutivos todos os dias. Eu, o Marques e todos os espíritos que trabalham nas Colônias estão evoluindo.

– Como assim?

– Quando você recebe a oportunidade de trabalhar em uma Colônia como esta, por exemplo, você vira um operário na vida espiritual. E passa a receber um salário aqui. Este ordenado lhe capacita a ascender a outras esferas.

– Como assim? Não entendi! Estou ficando ainda mais confuso.

– Vou usar um exemplo de quando o espírito está encarnado, *ok*?

– *Ok*.

– Na Terra você nasce, cresce, estuda, se forma, trabalha, recebe por seu trabalho, não é assim?

– Sim – disse-lhe.

– O que acontece se você não trabalhar?

– Não ganho salário, ora!

– E sem salário você consegue sobreviver?

– Até consigo, mas vou viver sem poder realizar meus sonhos, meus projetos, não vou conseguir comprar muita coisa etc.

– Aqui é exatamente assim. Qual é o sonho de quem trabalha e ganha um bom ordenado?

– Adquirir coisas boas, tais como casa, carro, viagens etc, é isso?

– Você só vai conseguir isso pelo seu esforço, não é?

– Sim, seja ele qual for, tem de haver um esforço meu, seja para cursar uma boa faculdade, desenvolver algum talento etc.

– Na vida espiritual é igual. Quanto mais você trabalha aqui, mais salário você recebe e utiliza-o para o seu bem-estar.

– Você quer dizer bem-estar espiritual, não é?

– Sim, aqui não há coisas materiais. Aqui você trabalha e ganha seu salário e o utiliza para sua evolução pessoal. Ninguém aqui pode usar o que conquistou para que outro espírito evolua. Tudo aqui é pessoal e intransferível.

– Entendi, Daniel! Puxa, legal isso!

– Tudo aqui é muito legal – assegurou o mentor.

– Então por que, em vez de irem sofrer na Terra, os espíritos não permanecem aqui se desenvolvendo e evoluindo?

– Aí é que está a grande questão, Osmar. Para que um espírito fique aqui trabalhando e evoluindo, ele precisa ter conquistado uma parcela evolutiva. Nem todos os espíritos podem ficar aqui evoluindo, infelizmente.

– Por que *infelizmente*, Daniel?

– Porque para nós é um sofrimento enorme ver aqueles que amamos, sofrendo encarnados, passando por provas tão difíceis, que são as provas da encarnação. Ficar aqui é um dos primeiros passos rumo à evolução espiritual. Ficar aqui é um privilégio, Osmar!

– Eu creio nisso. Porque estar encarnado é muito difícil, Daniel.

– Bota difícil nisso. Viver sob o véu da incerteza não é fácil mesmo.

– Mas por que isso?

– Existem alguns porquês que não são respondidos ainda dentro de nossa compreensão do que é Ele.

– Entendi, quer dizer que existem coisas que ainda não nos são permitidas compreender?

– Não, tudo nos é permitido compreender; o que nos falta ainda é compreender os desígnios d'Ele. Falta inteligência para compreender Deus.

– Verdade, Daniel!

– Mas por outro lado, existem oportunidades infinitas para os espíritos evoluírem – disse-lhe.

– Verdade – disse Daniel.

Haviam vários prédios naquela extensa avenida, mas preferi deixar que Daniel e Marques me conduzissem como quisessem.

Caminhamos por aproximadamente meia hora, passamos por várias praças, e havia um enorme lago onde os espíritos ficam sentados em volta conversando. Lembrei-me de Nosso Lar onde já tinha visto algo parecido.

– Daniel, esse lago parece muito com o lago da Colônia Nosso Lar.

– Sim, os lagos aqui são bem parecidos; aliás, as Colônias são bem parecidas.

– Por que, há algum motivo especial para isso?

– Porque foram criadas pela mesma equipe de espíritos. Assim se assemelham, mas cada uma tem o que precisa para atender aos desencarnados.

– O Umbral é bem diferente – disse-lhe.

– O Umbral é uma condensação fluídica e não foi criado pelos espíritos superiores.

– E quem foi que criou o Umbral?

– Os espíritos que se assemelham a ele.

– Como assim?

– O Umbral é a grande prova de que todos nós somos semideuses.

– Não confunde a minha cabeça, Daniel, por favor!

– Não é isso. Pense: se você é filho de Deus, qual é o objetivo de Deus para com Seus filhos?

– Deusinhos?

– Deusinhos não, deuses.

– Nossa, isso é complicado!

– Não é complicado para quem pensa em Deus como um Deus.

– É verdade!

– Se você pensar em Deus como católico, seu Deus terá algumas limitações... Mas se você pensar em Deus como espírita, vai aprender que o Deus do espiritismo é um Deus de muitas possibilidades; e sendo assim Seus filhos são a Sua obra-prima, e sendo a Sua obra-prima, são deuses.

– Tenho que começar a pensar em Deus como o Deus do espiritismo.

– Faça isso, abra seus olhos e o seu coração. Tudo ficará mais fácil se você pensar assim.

– Você tem razão, Daniel.

– Venha, vamos. Nina está lhe esperando.

Dobramos uma rua à direita e pude ver uma linda escola com brinquedos para crianças, uma quadra de esportes, árvores com balanços feitos de corda e um pedaço de madeira como assento, um lugar limpo, lindo e feliz.

"*A vida não se resume a esta vida.*"

Nina Brestonini

Escola Nina Brestonini

Caminhamos até a escola muito bem decorada com flores de todas as cores no portal de entrada. A porta se abre em duas abas bem grandes assim que nos aproximamos dela, parecendo ser automáticas.

Não consegui disfarçar minha alegria em ver aquela linda menina com jeito de mulher de pé nos esperando atrás da porta que se abria.

Nina usava um vestido que lhe cobria todo o corpo; era azul bem clarinho com detalhes cor-de-rosa; parecia ser de linho, pois chamou minha atenção a beleza da peça.

Seus cabelos ruivos revoavam sobre seus ombros, seu sorriso me deixou ainda mais impressionado com sua beleza. Como é linda a Nina Brestonini!

A seu lado, novamente pude ver Luzia, que trajava uma roupa que mais me parecia um uniforme. Uma jardineira azul-escuro misturada com tons de amarelo-claro. Nos pés as duas calçavam sapatos brancos, que mais pareciam sapatilhas.

Nina sorria e eu quase não conseguia andar, tamanha a minha emoção pelo reencontro. Ela me parecia ainda mais bonita naquele dia.

Percebendo minha insegurança, Marques me dá o braço e me auxilia a subir os sete degraus de entrada da escola. Na placa de madeira que fica no trecho que dá acesso à porta principal li: *Escola da Nina*.

Nossa, quanta emoção pude experimentar naquele momento!

Nina se aproxima e me estende a mão.

– Oi, Osmar!

– Oi, Nina!

– Você está bem? – ela me pergunta.

– Sim – disse-lhe mentindo.

– Você me parece emocionado, Osmar.

– É verdade, Nina, quase não consigo segurar minhas pernas. Deu para perceber?

– Sim, você está com a cor modificada.

[Risos]

– Ele está emocionado, Nina – diz Daniel.

–Ah, Osmar, não fique assim! Desse jeito você me deixa sem graça.

– Não consigo conter a emoção de estar novamente ao seu lado; afinal, você anda sumida das minhas psicografias.

– Temos tantos amigos aqui, Osmar, que precisam se comunicar, que acho injusto não oportunizar a escrever suas histórias e assim passar para seus leitores informações tão importantes quanto as minhas.

– Eu compreendo, Nina – disse-lhe me acalmando.

– Acalme-se, Osmar – disse Marques.

– Estou melhor.

Luzia então nos convida a entrar.

– Vamos entrar, senhores?

Daniel nos interrompe.

– Nina, você pode me fazer um favor?

– Sim – disse ela, prontamente.

– Apresente ao Osmar a escola, os estábulos, as piscinas e todo o complexo onde as crianças são recebidas, por favor. Espero por vocês lá no prédio da administração.

– Sem problemas, Daniel, para mim é uma honra receber o Osmar aqui.

– Desculpe-me, Osmar, mas tenho muitas pessoas para atender; e ninguém melhor do que Nina para lhe apresentar a escola.

– Sem problemas, Daniel. Sinto-me honrado em fazer esse passeio com a Nina.

– Obrigado por sua compreensão. Venha, Marques, vamos voltar ao trabalho.

– Vamos sim, Daniel. Até breve, Osmar – diz Marques se despedindo.

– Até breve, meus amigos!

Daniel e Marques se afastam após cumprimentarem novamente Nina e Luzia.

Luzia é loira de olhos azuis, tem aproximadamente vinte anos de idade, mede aproximadamente 1,65 m de altura, é simpática e de sorriso farto. Alegre, ela sempre está sorrindo.

– Vamos entrar, Osmar? – diz Luzia.

– Venha, Osmar – diz Nina.

Na entrada há uma grande recepção com várias cadeiras e sofás espalhados pelo lugar, ambientes separados por tapetes coloridos. Na parte central há um grande balcão daqueles de hotel, onde pude ver duas recepcionistas e um rapaz auxiliando-as. Todos me cumprimentaram com um lindo sorriso no rosto. Todos são jovens e estão uniformizados, assim como Luzia. Imensos lustres dourados descem do teto até aproximadamente dois metros e meio do chão.

As paredes são revestidas com papel de parede com animações infantis. Tudo é limpo, lindo e organizado.

No lado esquerdo há uma porta que se abre em duas, muito parecida com a porta de entrada; e no lado direito há uma porta idêntica, combinando com o lugar.

Eu pude ver um grande quadro com a imagem de Daniel na parede principal de entrada. Ele é o grande homenageado do lugar.

Vi uma foto ainda maior na parede central com a imagem de Catarina de Alexandria, que é a mentora espiritual da Colônia Amor e Caridade.

Nina então me convida a conhecer todo o lugar.

– Osmar, vamos conhecer a nossa escola?

– Sim, Nina, mas primeiro por que uma escola aqui? O que é ensinado a essas crianças, pois como posso ouvir me parece que têm milhares delas aqui?

– A vida continua para todos, Osmar. Aqui, temos hoje aproximadamente seiscentas crianças. Elas são trazidas para cá, porque a escola faz parte da vida delas quando deixam a Terra. A conscientização da morte física não pode ser apresentada de forma abrupta a quem ainda não a compreende. O amor está sempre em primeiro lugar, em todos os lugares, lembre-se disso!

Todas essas crianças chegam aqui mutiladas, dilaceradas pelas quimioterapias e radioterapias a que são submetidas na tentativa desesperada de salvá-las da morte. Pais desesperados autorizam os médicos terrenos a aumentarem a dose do medicamento quimioterápico ou radioterápico que causam sérias lesões no perispírito dessas inocentes crianças.

Perispírito dilacerado é sinal de tratamento aqui nas Colônias.

Assim, enquanto elas fazem o tratamento para o refazimento perispiritual, nós, aqui da escola, devolvemos a elas o ambiente escolar e aproveitamos para, lentamente, conscientizá-las da morte física, e assim vamos lentamente introduzindo-as na vida espiritual.

– Por que é assim?

– Porque é assim que Ele nos pediu para fazer, Jesus é o mestre, piedoso, amoroso, sensível e, acima de tudo, o maior exemplo de amor. Ele é o caminho, a verdade e a vida! Lembra-se disso?

– Sim, claro que sim.

– Sendo assim, Ele nos pediu para que cuidássemos das crianças que desencarnam, vítimas de câncer nos hospitais do Brasil. A nossa Colônia foi criada com esse objetivo:

tratar de todas as crianças que desencarnam, vítimas de câncer ainda na tenra idade.

– É, Nina, eu sempre soube disso, mas agora poderemos explicar melhor como tudo isso acontece, não é?

– Sim, primeiro vou lhe mostrar toda a nossa estrutura; depois levarei você para conhecer algumas de nossas crianças, pode ser?

– Sim, Nina, claro que sim!

– Bem, esse é o salão de entrada. Aqui é onde todas as crianças são recebidas. Aqui é a nossa recepção. Aquela porta à esquerda é onde fica a nossa enfermaria. Embora estejam esses espíritos desencarnados, eles ainda sentem-se como almas vivas e por vezes sentem as reações quimioterápicas aplicadas bem perto de seu desencarne.

– Elas passam mal aqui?

– Sim, elas trazem resquícios da hora do desencarne.

– Elas ainda estão presas a seus corpos por laços fluídicos, é isso?

– É mais ou menos isso. Na verdade, são lembranças vivas que elas ainda carregam dentro de si. Elas são crianças, lembra-se? Elas ainda não sabem que morreram; para a maioria delas, elas ficaram curadas, elas pensam que estão em algum hospital bem legal, onde estão terminando seu tratamento, é assim que a maioria delas se sente aqui.

– E a saudade dos pais, como vocês resolvem aqui?

– Calma, Osmar, tudo tem seu tempo.

– Desculpe-me, Nina.

– A porta à direita de nossa recepção é o corredor que nos leva às salas de aula e demais salas que temos aqui. E é por ela que devemos entrar.

– Vamos?

– Você está mais calmo agora?

– Estou sereno, Nina. É impressionante o que vocês fazem conosco aqui.

– O que, Osmar?

– Cheguei aqui emocionado por estar tendo essa oportunidade; logo encontro Daniel e Marques que me deixam muito feliz. Quando cheguei aqui na escola minha emoção quase explodiu meu coração, agora me sinto calmo e sereno; parece que tomei um bom passe espiritual aplicado por vocês.

– Quem sabe não tenha tomado um passe mesmo, não é, Luzia?

– Sim, Nina, quem sabe, não é?

[Risos]

Percebi ali que não há formalidades no mundo espiritual; eles são simples, amigos e sinceros. Basta isso para ser feliz em uma Colônia, pensei!

– Venha, Osmar!

Caminhamos por um extenso corredor com salas ao lado esquerdo. À direita jardins floridos e espaço com brinquedos e áreas de lazer. Em todos os espaços de lazer pude perceber que havia crianças brincado, assistidas por outros espíritos assim como Nina, jovem, belos e felizes. Eles sorriam e me cumprimentavam com gestos de cabeça.

Eu respondi a todos.

Eram crianças de todas as idades. Curioso, perguntei a Nina se havia algum limite de idade para as crianças serem acolhidas ali. Ela então me respondeu:

– Osmar, não há limites para o amor. Crianças são e sempre serão crianças. Nós recebemos crianças, jovens e adolescentes. Mais a frente você vai ver como tudo funciona.

– Nossa, Nina! Perdoe minha indiscrição.

– Sem problemas. Vamos em frente.

Eu não pude contar, mas Luzia me disse que há ali cento e vinte salas e que elas são perfiladas lado a lado, e todas têm à frente uma área de recreação com brinquedos e jardins, uma área de lazer.

Mais à frente, em outro espaço, havia cento e quarenta salas onde os jovens e adolescentes ficam. Isso também ela me explicou.

Em frente a essas salas há outras salas que eles chamam de laboratórios.

– Nina, para que servem esses laboratórios? – perguntei.

– É nesses laboratórios que os adolescentes investem nos conhecimentos fluídicos. É aqui que eles aprendem mais e desenvolvem remédios para as crianças, que são seus confrades nesta escola.

– Remédios?!

– Sim, remédios. Alguns pacientes chegam aqui com feridas, dores pelo corpo, dor de dente, dor de ouvido, dor de cabeça e por aí vai.

– Por que então vocês, espíritos, superiores não as tratam com fluidos que vocês já aprenderam a condensar?

– Os jovens precisam de oportunidades, Osmar. Se nós, que já aprendemos um pouco mais, não ensinarmos a eles o que será deles quando precisarem de ajuda? Vão ficar atrás de nós o tempo todo? Você acha isso certo?

– Pensando como você, acho que não. O mais certo mesmo é ensinar.

OSMAR BARBOSA

– Por isso existem esses laboratórios aqui. São crianças, Osmar, lembre-se sempre disso, crianças!

– *Ok*, Nina.

– Venha ver as piscinas.

Caminhamos mais alguns metros e Luzia abre uma porta à esquerda onde pude contar nove megapiscinas, todas muito bem cuidadas. Ao lado de cada piscina para adulto havia outra para crianças menores. Havia centenas de espíritos cuidando das crianças; jovens ainda, meninos e meninas, cuidavam das crianças com muito carinho.

– Nina, posso lhe perguntar uma coisa?

– Sim, Osmar.

– Qual o motivo das piscinas?

– Terapia de refazimento.

– Como assim?

– A água é o elemento da vida. Tudo começou e começa na água. Assim, imergimos as crianças e por meio da imersão e do banho perispiritual lentamente vamos desfazendo as feridas e lesões causadas pelos tratamentos terrenos. Não é só a quimioterapia e a radioterapia que fazem mal ao espírito. Muita coisa faz mal ao espírito.

– Isso não é feito no prédio da regeneração?

– Lá, são tratados os adultos que chegam com lesões contraídas no Umbral ou em tratamentos quimioterápicos ou radioterápicos, como já lhe expliquei, entre outros tratamentos, iguais aos que existem aqui.

– Então adultos são tratados separadamente das crianças?

– Sim.

– Entendi!

– Venha, Osmar, quero que veja quem está trabalhando aqui conosco.

Caminhamos até um grande galpão aberto onde há centenas de mesas e cadeiras, como se fosse uma grande lanchonete, mas sem lanche para ser servido. Havia um grande balcão onde pude ver que era servido um copo com água para quem pedisse.

Ao nos aproximarmos, Soraya sai correndo em nossa direção e se joga nos braços de Nina, que alegre a abraça com carinho.

– Olha, Soraya, quem está aqui!

– Nossa, é o Osmar! – diz Soraya jogando-se em meus braços.

– Que saudades! – disse a menina.

Envergonhado e feliz, eu a abraçava fortemente; pude

até sentir seu coração pulsando de alegria com aquele encontro.

– Que bom, Soraya, que você se recuperou e está aqui ajudando a Nina!

– Eu sou o espírito mais feliz do universo, Osmar. Lembra onde eu estava?

– Sim, você é um grande exemplo para todos nós.

– Eu é que sou muito grata a Nina e a todos aqui da Colônia. Sem o socorro de vocês talvez eu ainda estivesse no Umbral sofrendo a perseguição daqueles espíritos imundos.

– Pois é – intercedeu Nina. – Ainda bem que pudemos buscar você naqueles cinco dias em que, graças à nossa querida mentora e Daniel, conseguimos com êxito lhe resgatar.

– Sou grata por toda a eternidade a todos vocês que me ajudaram muito.

– Mas o que o Osmar está fazendo aqui, Nina?

– Nós estamos escrevendo o segundo livro sobre a Colônia.

– Mostre tudo, Nina, para os encarnados. Mostre como vivemos aqui. Mostre como o amor é muito grande por aqui. Mostre como podemos receber muito dando pouco. Mostre que Ele nos ama profundamente. Mostre ainda Nina que ninguém precisa ter medo da morte, porque ela não existe.

Morrer é renascer no amor de Jesus. E não se esqueça de dizer a todos que eu estou aqui, vivinha como nunca!

– Pode deixar, Soraya, pode deixar!

– Venha, Osmar, vamos agora até os estábulos.

– Vamos sim, mas antes posso lhe abraçar novamente, Soraya?

– Sim, meu amigo, vem cá – disse-me a linda Soraya[1] me abraçando com ternura.

Fiquei alguns dias na escola e passei horas ao lado de algumas crianças que estavam felizes e muito bem cuidadas.

---

1. Conheci Soraya quando psicografei o livro *Cinco Dias no Umbral*. Não percam!

"A perfeição de Deus está em todos os lugares, em
todas as coisas e em todos os seres."

Osmar Barbosa

Dia 2

Dia 2
Os estábulos

Caminhamos por aproximadamente meia hora, contado no meu relógio biológico terreno, pois sabemos que os espíritos não contam o tempo. Durante nossa caminhada explorei um pouco aquela oportunidade e conversei muito com Nina e Luzia.

– Nina, perdoe-me querer saber demais, mas sei muito pouco sobre você e gostaria de saber mais. Você pode me contar um pouco mais sobre Nina Brestonini?

– Osmar, aproveite esse momento para arrancar de nós tudo aquilo que você achar que será útil em nosso livro. Espíritos assim como eu não perdem tempo com aquilo que não vai ser útil na evolução. Assim, tudo o que você quiser saber vou lhe contar, porque assim poderemos ajudar muitas pessoas.

– Então é melhor eu deixar você falar, não é?

– O que você quer saber?

– Quem é você?

– Sou um espírito como você ou qualquer outro. A diferença entre nós está nesta separação de encarnado e desencarnado. Eu me chamo Nina, mas o sobrenome Brestonini me foi emprestado por uma amiga aqui da Colônia, como já lhe falei. Boa parte de meus familiares ainda estão encarnados e eu não quero atrapalhar o seu trabalho e muito menos interferir desta forma na vida deles. Prefiro continuar como estamos: eu os visito regularmente e lhe ajudo a passar para seus leitores as informações do mundo espiritual.

– Obrigado, Nina – disse-lhe.

– Eu sou Nina, uma jovem que desencarnou aos 24 anos de idade com uma doença grave no coração. Isso não tem muita relevância aqui, pois eu tinha combinado de voltar mesmo aos 24 anos de idade com os meus pais. Essa parte eu pude contar a vocês no livro *Cinco Dias no Umbral*, foi a minha última encarnação expiatória. Escolhi ajudar espíritos ligados a mim por muitas vidas. É assim que funciona. Embora você já tenha adquirido certo grau evolutivo, você pode reencarnar para ajudar aqueles que você ama a evoluírem mais rapidamente. Justiça divina como sabe!

– E como é que se faz isso?

– Sendo exemplo, nada mais. Nada pode ser imposto. O que nós podemos fazer é sermos exemplos de vida, de superação e de vontade.

– Foi isso que você fez?

– É isso que faço sempre que alguém está ligado a mim por algum laço. Foi assim também quando da história do livro *Ondas da Vida*, lembra?

– Aqueles espíritos são ligados a você?

– Sim, a mim e ao Felipe.

– Engraçado, eu não vi o Felipe por aqui...

– Já, já ele vai aparecer, está trabalhando em um projeto nobre sobre o orbe terreno.

– Que legal!

– Fale-me mais um pouco sobre você, Nina.

– Eu sou uma mera trabalhadora desta Colônia, Osmar.

– Vocês vieram juntos para Amor e Caridade?

– Quando a Colônia foi fundada, fui convidada por Daniel a vir trabalhar aqui. Todos aqueles que estão escrevendo os livros com você foram convidados por Daniel.

– Que legal, e antes você era de onde?

– Da Colônia das Flores!

– Quer dizer então que você já estava trabalhando em Colônias Espirituais mesmo antes de Amor e Caridade acontecer?

– Sim, já estou na vida espiritual há aproximadamente trezentos anos.

– E antes você vivia onde?

– Eu tive algumas vidas pela Europa, América Central e finalmente na América do Sul onde terminei a parte da minha evolução que me permite ficar trabalhando aqui.

– Você foi cigana em alguma encarnação?

– Por que a pergunta?

– Seu jeito alegre de ser e o seu olhar!

– Quando Catarina foi morta por Maximino Daia, eu e Felipe tivemos que fugir; naquela época havia muitos ciganos em Alexandria. Após alguns anos da morte dela me reencontrei com Rodrigo e passamos, eu e o Felipe, a vivermos com ele. Foi a minha mais bela encarnação, pois foi nela que estreitamos nossos laços de amor, eu, Felipe, Rodrigo[2] e muitos outros amigos que estão aqui em Amor e Caridade.

– Nossa! É assim que as coisas funcionam?

– Sim, laços eternos. São esses vínculos que levamos por nossa existência. Assim evoluímos, e juntos, trilhamos os caminhos da evolução, juntos, sempre juntos.

– Que legal, Nina!

– "A vida é uma linda oportunidade, faça valer a pena

---

2. A história de Rodrigo, Catarina, Nina e Felipe está retratada no livro *Gitano – As Vidas do Cigano Rodrigo*.

tudo o que você tem e tudo aquilo que você conquista pelo seu esforço e das suas transformações." Ame os amigos, os filhos, os familiares e todos que experimentam com você. Dentro dessas relações é que se encontram suas verdadeiras metades.

– Nossa! Que lindo, Nina!

– Obrigada!

– Nina, quantas vidas você já teve?

– Uma.

– Como assim, *uma*?

– Nós só temos uma vida, Osmar. Encarnações eu tive várias!

– Quantas?

– As iniciáticas eu não lembro.

– Como assim?

– Todos os espíritos, antes de se conhecerem e de se compreenderem como espíritos eternos, tiveram que experimentar. E durante essas vidas de experimento nós não guardamos grandes lições, grandes ensinamentos. São as lições, os dramas, as perdas, as dúvidas que nos forçam a evoluir. É no sofrimento que buscamos e nos conectamos ao divino.

– Como assim, Nina? Perdoe-me.

– Uma vida sem provas é uma vida inútil. E no começo da vida nós vivemos sem provar as coisas de Deus, pois nos falta ainda a compreensão da vida. O espírito só evolui por meio das provas, Osmar. É nelas que nos conectamos a Deus, e quando descobrimos o divino tudo fica mais fácil, quando tememos a Deus a evolução é acelerada, porque quem teme não peca. Quem teme a Deus segue os ensinamentos de Jesus e se purifica mais rapidamente.

– Entendi, Nina. E como entendi!

– Ele é o caminho.

– Daniel me falou sobre isso! Temos que acreditar mais, não é, Nina?

– Sim, quanto maior a fé, mais fácil a vida. Mais fácil evoluir, Osmar.

– Obrigado, Nina.

– De nada!

– Você estava encarnada durante as grandes guerras?

– Naquela época, a maioria dos espíritos que trabalham hoje em Amor e Caridade se voluntariaram para encarnar e auxiliar os enfermos, as vítimas da guerra. Formamos um grande exército de luz sobre o orbe terreno. Milhares de espíritos vindos das diversas Colônias se voluntariaram para amenizar o sofrimento das almas encarnadas naquelas que foram, sem dúvida, as maiores experiências evolutivas para todos os envolvidos.

– Que legal! Isso é possível?

– Em nome do amor tudo é possível! A Terra e os demais planetas habitados jamais deixarão de ser assistidos por nós. É na imperfeição do homem que extraímos o labor da evolução pessoal. É auxiliando nossos irmãos que evoluímos todos os dias. Assim está escrito: "Tudo o que pedires, Ele vos dará; buscai, e encontrareis; batei, e abrir-se-á". Assim, basta seguir as leis e tudo que lhe é necessário encontrarás. Colhe-se aquilo que semeias, Osmar.

– É, sei muito bem disso, Nina. Por isso tenho vigiado meu plantio.

– Continue assim.

– Estou no caminho certo?

– Talvez sim, talvez não. Mas o fato de estar se comunicando conosco é um bom começo. É um bom sinal!

– Obrigado, Nina.

– Veja,Osmar, estamos chegando aos estábulos.

Era uma espécie de pequena fazenda, ou melhor, um belo rancho. Árvores coloridas enfeitavam o lugar. Havia uma cerca pintada de branco que separava as espécies de animais. Pude ver algumas vacas malhadas, uma dezena de cavalos de todas as espécies e cores, e ainda uma récua de burros que, alegres, brincavam como crianças dentro do espaço destinado a eles. Pude ver também vários porcos e galinhas e ainda um lindo lago de peixes. Pássaros sobrevoavam o lugar.

Havia rapazes e moças tomando conta dos animais. Algumas crianças estavam montadas nos animais. Elas riam e se divertiam como nunca. Curioso, perguntei a Nina sobre esse tipo de lugar.

— Nina, você pode me explicar porque esse tipo de terapia, ou melhor, por que esse tipo de lugar?

— Na verdade, além de utilizarmos os animais em terapia para acalmar os espíritos recém-chegados, esse tipo de tratamento tem como objetivo integrar homem e animal. Em um futuro bem próximo os encarnados deixarão de consumir as carnes desses animais. Essas crianças que você está vendo, interagindo com esses animais, estão muito próximas de reencarnarem e assim elas levam a lembrança recente desse encontro e convivência. Isso as ajuda a decidir a parar de comer a carne desses irmãozinhos que não merecem mais ser o alimento do homem. Não há mais razão para os encarnados se alimentarem de carne.

— Quer dizer que a humanidade vai parar de comer carne?

— Sim. Tudo está em transformação no planeta Terra. Ele está sendo regenerado, como já lhe foi dito.

— Sim, estou acompanhando isso bem de perto, Nina.

— Pois bem, esta é uma das terapias que estão sendo aplicadas em todas as Colônias Espirituais. Estamos preparando os espíritos que estão encarregados de transformar o planeta. A interação vida animal com vida expiatória auxilia o processo dos vegetarianos sobre o orbe terreno.

– Tudo bem organizado, é isso?

– Tudo aqui é muito bem organizado, Osmar.

– Já deu para perceber.

– Aqui tem outro amigo nosso que você precisa reencontrar – disse-me Nina com um ar de sorriso.

– Quem é?

– Venha comigo, Osmar, vamos visitar as cocheiras internas.

Caminhamos entre as crianças e seus cuidadores. Meninas e meninos galopavam em pistas especialmente preparadas para o galope dos jovens e adolescentes. Todos demonstravam muita felicidade. Eles me olhavam e sorriam. Eu estava muito feliz em poder assistir a tudo aquilo.

Chegamos às cocheiras cobertas, onde vários cavalos estavam deitados descansando sobre capim espalhado no chão.

– Venha, Osmar! – dizia Nina caminhando à minha frente.

Pude ver que depois daquelas cocheiras havia um clarão onde um lindo ipê-amarelo projetava uma enorme sombra no lugar. Embaixo da linda e grande árvore havia dois bancos feitos de madeira bem confortáveis. Nina senta-se e bate com a mão no banco, bem a seu lado, convidando-me a sentar. Prontamente atendi.

– Vamos esperar aqui, Osmar – disse Nina me parecendo ansiosa.

– Você está ansiosa, Nina?

– Uhum – disse ela.

– Mas por quê?

– Porque alguém que você conhece trabalha aqui e está ansioso para lhe encontrar. Ele me pediu para eu levá-lo ao encontro dele.

– Quem é, Nina?

– Não vou contar! Não posso contar. Não quero estragar a surpresa.

– Surpresa?!

– Sim.

– E a minha surpresa vai demorar?

– Não, ele já foi avisado de sua presença.

– Quem será, meu Deus?! Ele já foi avisado...

Vi quando um lindo senhor de cabelos brancos e barba branca vestindo uma calça de boiadeiro e camisa de mangas compridas caminha em nossa direção e se aproxima

~ 100 ~

de nós. Reconheci de pronto, era Manolo, o pai do cigano Rodrigo que conheci quando psicografei o livro *Gitano – As Vidas do Cigano Rodrigo*. Sem esperar pelo cumprimento, corri em sua direção e o abracei como um filho saudoso abraça o pai. Ele me retribuiu o abraço com um lindo sorriso e um abraço apertado.

– Manolo, que bom reencontrá-lo!

– Eu é que estou feliz em rever você, Osmar. Quanto tempo!

– Nossa! O que você está fazendo aqui, meu amigo? – perguntei-lhe.

– Sou o responsável pelos estábulos e por todos os animais que se encontram aqui.

– Nossa, que legal!

– Estou aqui há bastante tempo, Osmar; estou feliz com o que faço. Aqui posso ajudar essas crianças a compreenderem melhor quem são os animais e sua função entre nós.

– Que bom, Manolo! E o Rodrigo, seu filho?

– Ele também está conosco aqui na Colônia. Só que ele vive sempre muito ocupado.

– É assim mesmo, seu Manolo – diz Nina se aproximando de nós.

– Oi, querida Nina, que bom lhe rever!

– Eu estava ansiosa para que o Osmar lhe encontrasse.

– Esse rapaz é dos nossos!

– Oi? O senhor pode repetir?

– Você é um bom trabalhador, Osmar, é isso!

– Pensei que fosse outra coisa!

– Deixe de pensar e aproveite este momento, Osmar – disse Nina.

– Não sei o que dizer, estando aqui ao lado de Manolo.

– Venha, meu rapaz, quero lhe mostrar meus animais.

– Vamos, Nina?

– Vá com ele, Osmar, mais tarde nos encontramos.

– Está bem.

– Venha, rapaz! – insiste Manolo.

– Obrigado, Nina!

Eu e ele passamos o resto daquela tarde nos estábulos. Manolo me mostrou todo o lugar e os animais que ali se encontram. Ele me mostrou como os espíritos amigos estão preparando os homens e os animais para um convívio de harmonia e amor em um futuro bem próximo. Já podemos observar isso em nossa relação atual com os animais, estamos evoluindo muito. Bem-vindos os vegetarianos!

No fim do dia voltei para meu lar para um descanso merecido após tantas informações e aprendizado. Eu estava extasiado com tudo aquilo.

"Os animais são os nossos parentes mais próximos. Em breve todos nós compreenderemos a necessidade de não comermos o próximo."

Osmar Barbosa

Dia 3

Dia 3
Administração

Passados alguns dias, recebo a visita de Marques, que me convida a conhecer os prédios da administração.

Atendi prontamente sua solicitação e fui com ele conhecer melhor esse lugar. Caminhamos por aproximadamente vinte minutos pela avenida principal da Colônia, aquela mesma que nos leva a todos os lugares.

O prédio principal é redondo e fica logo na entrada dessa avenida. A cúpula do gigantesco prédio tem o formato de uma enorme esfera que parece flutuar sobre a parte superior da edificação. Aliás, todos os prédios têm esse formato: redondo com uma esfera flutuando sobre o telhado.

Na entrada do prédio da administração há uma enorme recepção onde pude ver seis jovens uniformizados organizando os atendimentos; eles direcionavam os espíritos que ali estavam para as salas que ficam em um enorme corredor ao lado da recepção.

O lugar é lindo. Dezenas de espíritos esperam para serem atendidos: mulheres, jovens, crianças, senhores e adolescentes esperam sentados organizadamente em cadeiras e bancos espalhados pelo lugar. Há ambientes onde se concentram pequenos grupos sentados em confortáveis poltronas, todas brancas. Há ainda pequenas mesas espalhadas pelo lugar, onde pude observar lindos vasos de flores que perfumam todo o ambiente.

– Lindo esse lugar, Marques!

– Gostou?

– Sim, lindo e bem organizado.

Um rapaz de aproximadamente quinze anos aproxima-se de nós, ansioso.

– Bom dia, senhor! Perdoe-me, mas preciso urgentemente falar com o Marques – disse-me o menino me parecendo assustado!

Marques interrompe a caminhada e pega nas mãos do menino.

– O que houve, Rodrigo?

– Perdoe-me atrapalhar sua instrução, mas preciso lhe pedir um grande favor, irmão Marques!

– Diga-me, rapaz!

– Sabe o que é, Marques? É que a sala sete está totalmente lotada. O irmão Arquimedes me avisou agora que não poderá atender, eu não sei muito bem o que devo fazer. O irmão pode me orientar?

– Rodrigo, tenho que levar o Osmar para conhecer toda a estrutura da administração, faça assim: direcione os irmãos que precisam falar com Arquimedes para serem atendidos por Herculano na sala oito.

– Farei isso, Marques! Perdoe-me novamente a intromissão, senhor – disse o jovem se dirigindo a mim.

– Que isso, rapaz, você não atrapalhou em nada.

– Obrigado – disse o jovem afastando-se.

– Quantas salas de atendimento existem aqui na administração, Marques?

– Quarenta e duas salas.

– Nossa! Mas o que é feito por vocês nesses atendimentos?

– Os espíritos, logo que acordam em nossas enfermarias, são trazidos para cá para receberem as instruções seguintes. Aqui ouvimos os lamentos do tempo perdido na encarnação que acabara recentemente. Esse é o maior dilema daqueles que acordam aqui.

– Sofrem pelo tempo perdido, é isso?

– Sim. Quando acordam, os espíritos tomam consciência do tempo perdido, ficam deprimidos, tristes e se sentem os piores espíritos do mundo.

– Deve ser muito difícil para vocês explicarem tudo isso a eles,não é?

– Difícil é convencê-los a aceitar as novas oportunidades, as novas mudanças, novas ideias e por aí vai.

– Conscientização, é isso?

– Sim, o trabalho desses iluminados que auxiliam Daniel em sua tarefa é convencer e motivar os espíritos que chegaram aqui a aceitarem uma nova oportunidade evolutiva; a reencarnarem para definitivamente conquistarem o que nos é necessário.

– E o que nos é necessário?

– Todo espírito, encarnado ou não, precisa evoluir. A única forma de evoluir e passar pelas duras provas da vida corpórea é estando e experimentando na vida física; é nela que alcançamos o estágio necessário para começar-mos definitivamente a evoluir.

– Como assim?

– A evolução se dá por meio de experiências e estágios. No começo tudo é animal, depois experimental e logo em seguida espiritual. Assim o espírito atinge o grau necessário para trabalhar nas Colônias, e a partir daqui ascender a outros planos ainda mais evoluídos.

– Quer dizer que temos que experimentar muito tempo na Terra como encarnados para merecermos viver aqui nas Colônias e a partir daqui começarmos efetivamente nossa evolução?

– Sim, você só conseguirá distinguir o que é vida física e vida corpórea quando conseguir viver na vida corpórea a vida espiritual.

– Você pode ser mais claro?

– É só observar, Osmar: repare que Jesus viveu uma vida espiritual e não uma vida material. Assim como ele, centenas de espíritos viveram na vida física a vida espiritual, foram exemplos de mansidão, de amor ao próximo, exemplos de caridade.

– Compreendi, Marques! Quer dizer que quando alcançamos uma vida espiritualizada na Terra estamos, na verdade, nos despedindo da vida física e adentrando definitivamente a vida espiritual?

– Isso mesmo, Osmar, quando você consegue superar todos os desafios evolutivos e se entrega a serviço do bem, você está muito próximo da permanência nas Colônias Espirituais. E a partir daí você começa a experimentar as melhores coisas da vida. Quando você se vê como espírito eterno e vive para o serviço dos planetas, das nações e dos mundos, você verá a utilidade da vida espiritual em sua essência, e a partir daí você se conecta definitivamente ao Criador.

– Puxa, Marques! Nem sei o que dizer, me sinto um privilegiado. Sinto-me diminuto diante de tantas informações e ensinamentos. Sou grato, muito grato, a todos vocês que me passam essas informações, esses aprendizados, e me permitem dividi-los com meus leitores e amigos. Sinceramente não encontro palavras para agradecer.

– Osmar, não existem acasos, tudo é merecimento.

– A cada dia que passa, fico mais convencido do que tenho que fazer.

– E o que você tem que fazer?

– Modificar-me todos os dias, transformar meus sentimentos em atitudes em prol de meus semelhantes. Dividir tudo o que recebo de vocês com os mais necessitados, partilhar esses ensinamentos com todos e divulgar ainda mais a boa-nova.

– Quando se chega aqui, exatamente neste prédio onde você será ouvido e orientado, tudo recomeça. É aqui que você poderá decidir sobre o seu futuro na vida material ou na vida espiritual. Tudo recomeça quando eles chegam aqui.

– E são dezenas de atendimentos não é, Marques?

– São aproximadamente trezentos atendimentos por dia, dez mil por mês, no tempo de vocês, é claro.

– Quais são os passos a seguir depois que o espírito passa por este setor?

– Como lhe falei, após nosso querido irmão ou irmã acordar na enfermaria e se recuperar totalmente, ele vem até a administração para saber das possibilidades que lhe cabem daqui para frente. É aqui que recebemos as boas e más notícias. E decidimos qual caminho seguir.

– Você pode me explicar melhor?

– Olha, Osmar, eu, Nina e Daniel combinamos que após conhecer todas as dependências de nossa pequena Colônia, levaríamos você a acompanhar pessoalmente um paciente desde seu recebimento aqui até a decisão final que ele mesmo irá tomar para sua evolução.

– Como assim?

– Vamos levar você para acompanhar pessoalmente um paciente que é tratado por nós desde seu desencarne até o momento em que ele mesmo irá decidir sobre seu futuro.

– Que legal!

– Sim, assim todos vocês poderão saber como funciona a maioria das Colônias.

– E quando começaremos isso?

– Após lhe apresentarmos os teatros, as salas de reuniões, o hospital infantil e o adulto e finalmente as praças e a vila dos anciães.

– Podemos ir logo a esses lugares?

– Felipe e Ernani são os espíritos que vão levar você para lhe apresentar esses últimos lugares. Agora vamos conhecer a estrutura do prédio da administração.

– Sim, vamos!

Marques então me convida a seguir com ele pelo amplo corredor onde pude observar várias salas de atendimento, todas muito parecidas, mas com atendentes diferentes. Passamos em frente à sala de Daniel e pude ver que ele estava em reunião com mais oito espíritos iluminados, assim como ele.

Em cada sala há mesas e cadeiras para atendimentos separados. Há também pequenos jardins e muitas flores que perfumam o lugar.

Há iluminados homens e mulheres prestando esse atendimento.

Marques fez questão de me falar o nome de todos. Abaixo estão os nomes de alguns que faço questão de lhes apresentar.

Sala 1 – Marcondes

Sala 2 – Dr. Juliano

Sala 3 – Feliciano

Sala 4 – Dra. Patrícia

Sala 5 – Maria Dolores

Sala 6 – Luiz André

Sala 7 – Arquimedes

Sala 8 – Herculano

Sala 9 – Nicolas

Sala 10 – Ernani

Sala 11 – Flamarion

Sala 12 – Anacleto

Sala 13 – Luiz Fernando

Sala 14 – Dr. Santiago

Sala 15 – Porfírio

Sala 16 – Dra. Luciana

Sala 17 – Valéria

Sala 18 – Prisca

Sala 19 – Candidiano

Sala 20 – Marcos Vinicius

E por aí fui anotando em minha mente o nome dos espíritos iluminados que atendiam carinhosamente os irmãozinhos aflitos.

Tudo era calmo e sereno, embora alguns chorassem na fila de espera. Acho que estavam emocionados, assim como eu.

Todas as quarenta e duas salas têm uma placa na entrada com o nome do espírito responsável por aquele setor de atendimento.

Pude ver nomes como o de Dra. Sheila, Dr. Flávio, Sr. Bartolomeu, Dra. Luciana e tantos outros espíritos que auxiliam ali.

A primeira sala não tem número; é a sala do iluminado Daniel.

A organização me impressionou muito.

Saímos para o lado de fora do prédio e fiquei ali alguns minutos admirando a beleza do lugar. A Colônia Espiritual Amor e Caridade é linda.

– O que houve, Osmar?

– Estou impressionado com a beleza de Amor e Caridade!

– Os superiores capricharam mesmo.

– Como é feita uma Colônia, Marques?

– As Colônias foram construídas muito antes de existir vida na Terra, como já lhe dissemos. Elas foram introduzidas no orbe terreno para cumprirem sua função, que é receber, auxiliar e encaminhar todos os espíritos para a evolução.

– Amor e Caridade é uma Colônia nova, ela foi criada há pouco tempo, mais precisamente com o surgimento do câncer sobre a Terra, pois essa é nossa especialidade. A Colônia das Flores necessitava de um apoio e nos foi apresentada esta oportunidade, assim todos nós que trabalhamos em Amor e Caridade chegamos aqui há pouco tempo. Os espíritos que já ascenderam a planos superiores são os responsáveis pela criação e manutenção das Colônias. Tudo o que você está vendo foi criado por eles, que aproveitaram dos conhecimentos adquiridos para criarem prédios, ruas, avenidas, árvores e tudo o que há aqui, dos fluidos mais modernos, se assim podemos chamar, para que as Colônias sejam confortáveis, aconchegantes, acolhedoras e instrutivas. Assim, nosso conforto é essencial para eles, e também tudo o que há aqui tem sua utilidade, tudo aqui tem um objetivo e um motivo. Assim é que funcionam as Colônias.

– Estou ansioso para conhecer mais um pouco de Amor e Caridade.

– Vamos ao encontro de Felipe e Ernani.

– Sim, vamos. Onde eles estão?

– Nos hospitais.

– Então vamos logo!

– Calma, já estamos indo. Mas antes vamos passar nos teatros.

– Está bem, Marques. Então vamos aos teatros.

"Conhecereis a verdade e a verdade vós libertará!"

Jesus

O teatro do amor

Caminhamos por alguns metros e entramos em um grande galpão que mais parece um museu daqueles bem antigos. As paredes são esverdeadas e reluzem com a mesma cúpula redonda girando sobre o prédio.

Na recepção, fui recebido por Carolina, que passei carinhosamente a chamar de Carol.

– Olá, Carolina! – disse Marques.

– Boa tarde, Marques! Boa tarde, Osmar! – disse a jovem sorrindo para mim.

– Boa tarde – disse-lhe. – Qual é mesmo seu nome?

– Carolina, Osmar!

– Ah, Carol.

– Se preferir me chamar assim!

– Posso?

– Sim, claro que sim, na verdade os amigos mais íntimos me chamam de Carol.

– E você gosta?

– Sim, quando eu estava encarnada todos lá em casa me chamavam de Carol.

– Então se me permitir vou chamar você assim, *ok*?

– *Ok*, Osmar.

– Carolina, quero lhe pedir que apresente o teatro e as salas de reunião e estudo ao Osmar, é possível?

– Sim, claro, venham – disse a jovem muito bem vestida seguindo à nossa frente.

Caminhamos por alguns metros e transpusemos algumas portas até que chegamos a várias salas de estudo. Muito parecidas com salas de aula onde pude ver uma lousa branca onde havia algumas coisas escritas. Não havia alunos nas salas. Carol logo tratou de explicar.

– As salas estão vazias, Osmar, porque vai começar a palestra da tarde; e todos já estão sentados no grande teatro para ouvirem o palestrante da tarde.

– O que os alunos estudam aqui?

– Aquilo que deixaram para trás na vida terrena – disse a jovem.

– Como assim, *deixaram para trás*?

– A vida é uma grande sala de aula. Todos os dias os encarnados passam por testes evolutivos. As aulas aqui, na verdade, são relembranças dessas oportunidades desperdiçadas. Alguns espíritos precisam se conscientizar das situações que lhes serão apresentadas nas encarnações futuras e assim aprendem a aceitá-las com mais serenidade, já que tudo o que aprendemos fica gravado em nossa consciência.

– É por isso então que por vezes passamos por situações que temos a impressão de já termos passado?

– Exatamente! Aqui você vai estudar e passar por situações que lhe serão apresentadas quando estiver encarnado.

– Que legal, Carol!

– Amor divino é o nome disso!

– Venha, Osmar, vamos assistir um pouco da palestra?

– Nossa, gosto muito de palestras! Quem é o palestrante de hoje?

– Uma surpresa para você, Osmar – disse Marques.

– Meu Deus, quem será?

– Venha – disse Carol, me pegando pelo braço.

Caminhamos vários metros até chegarmos a uma grande porta que se abre em duas abas. A porta mede aproximadamente quatro metros de largura por uns cinco de altura, toda talhada à mão com uma imagem maravilhosa de gladiadores romanos.

– Não faça barulho, Osmar, pois a palestra já começou – alertou Marques.

Lentamente Carol abriu a porta e pude ver quem era o palestrante daquela tarde. Meu coração disparou de felicidade e emoção. Estava ali na minha frente um espírito que sempre admirei muito e segui e sigo seus ensinamentos todos os dias. Estava ali palestrando para um auditório lotado ninguém menos que André Luiz. Ele mesmo, o iluminado espírito que psicografou vários livros pelo querido e amado Chico Xavier.

Ele me olhou e sorriu falando para aquela multidão que assistiam admirados e calados àquele ensinamento.

Na primeira fileira havia três lugares vazios reservados para nós, que nos sentamos e passamos a ouvir calados os ensinamentos do iluminado André Luiz, que dizia:

"[...] a vida nas Colônias é um reflexo da vida dos encarnados, somos o resultado das nossas escolhas, dos nossos sentimentos e de nossas decisões. Tudo aqui reflete o que você fez por lá, tudo aqui é o reflexo das suas escolhas quando estivestes lá.

Encarnar é o mecanismo perfeito para a grande lição. Encarnar é experimentar, é examinar, é exercer seu direito de espírito para evoluir sempre, pois esse é o desejo do Pai.

O amor é o único caminho. Amar é a solução. Aprender a amar é a dificuldade que precisamos superar todos os dias. Você, que está aqui hoje, está aqui porque já adquiriu um percentual evolutivo que lhe permite estar entre nós. Nada acontece sem a permissão d'Ele. Nada está fora do lugar. Tudo o que o planeta experimenta agora é a lição que vai ensinar e fazer ascender nossos queridos irmãozinhos encarnados às Colônias evolutivas como esta em que estamos aqui agora.

Muitos são escolhidos, mas poucos aceitam a missão. Muitos são chamados, mas poucos ouvem a lição. Viver por viver, vive a humanidade nos dias de hoje; viver pelo amor é o destino de poucos espíritos que orbitam a seara celeste. Nós estamos no lugar certo, e na hora certa, no lugar em que merecemos estar neste momento. Você pode mudar tudo isso, só depende de você e de mais ninguém. Ao voltar ao convívio terreno, você será lembrado desses encontros que promovemos aqui nas Colônias. Ouça a sua voz interior, é lá que está a palavra sagrada, e é de dentro de si mesmo que está seu juiz, ouça-o sempre que tiveres alguma dúvida.

Jesus é o exemplo. Jesus é o caminho, a verdade e a vida, assim como ele vos assegurou.

Onde o amor estiver, ali estaremos, no socorro, no auxílio; onde estiverem as benesses da alma, ali estaremos distribuindo a luz necessária à evolução do espírito.

É chegado o momento da regeneração. Espíritos, expiem, experimentem, exercitem o amor! Façam valer a pena sua existência. Não desperdicem as oportunidades. Porque aqueles que não experimentarem, que não expiarem e não se modificarem serão tratados como desobedientes, e assim irão experimentar em mundos desobedientes.

O amor é o caminho. Ele é o caminho. Nós somos os instrutores da última hora e vocês são o que desejamos transformar em amor.

Espíritos abnegados, obreiros do bem, olhem para dentro de si e vocês poderão ver que a única chama que permanecerá acesa em vós é o que fizeres para o seu próximo. A única luz de seu candeeiro chama-se doar-se para o bem da humanidade. Sejam luzes, pois o mundo encontra-se em trevas. O espiritismo é a porta redentora e salvadora, até para os espíritas que se perderam no deserto do ego da invigilância, da intolerância e da vaidade. Aqueles que se perderam e se afastaram dos afazeres espíritas. Obreiros que receberam do mundo espiritual a chave da porta redentora e as colocaram no chaveiro errado.

Só o amor pode salvar, só o amor te glorificará diante dos injustos, só o amor vos libertará, e vos ascenderá para as existências futuras.

Que seja feita a vossa vontade aqui na vida espiritual e também na Terra. Oh grandioso Pai celeste. Obrigado a todos" – disse André Luiz cumprimentando com um gesto de cabeça a todos os presentes.

Eu estava muito emocionado e não contive o choro que invadiu meus mais íntimos sentimentos. André olhou e sorriu para mim, despedindo-se com um gesto de até logo! Levantei a mão direita e dei um até logo para ele.

Todos aplaudiam de pé.

– Está emocionado, Osmar?

– Sim, Marques, muito emocionado!

– O André Luiz é um dos instrutores de Amor e Caridade. Ele é o missionário do amor, é um trabalhador incansável.

– Que linda a missão desses espíritos, não é Marques?

– Sim, é linda a nossa missão!

– Perdoe-me, Marques.

– Sem problemas, Osmar.

Após recuperar-me, voltei a fazer perguntas a Carol.

– Eu sei que você já me explicou, Carol, o por quê das salas de aula, mas você pode me falar sobre este teatro?

– Sim, aqui, como você pode ver, é onde são ministradas as palestras aos espíritos que ficam algum tempo conosco antes de partirem para uma nova prova na vida física. Aqui também é onde combinamos e recebemos as tarefas que iremos realizar sobre o orbe terreno. É aqui que mestres e alunos se encontram para aprenderem juntos.

– Agora me lembro de que no livro *A Batalha dos Iluminados* participei de uma reunião como esta. Lembro-me das orientações que Daniel passou ao grupo de espíritos que estão trabalhando no resgate daqueles que não mais experimentarão na Terra.

– Sim, foi aqui aquela reunião – disse Marques.

Carol se levantou sinalizando-me que era hora de deixar aquele lugar. Todos já tinham saído, só estávamos ali eu, Carol, Marques e um jovem rapaz que ajuntava um maço de papéis que estava sobre a mesa onde André Luiz palestrava.

– Vamos, Osmar?

– Sim, vamos!

– Venha, Marques – disse a jovem.

– Para onde vou agora, Carol?

– Quem sabe é o Marques.

– Vamos ao encontro de Felipe e Ernani, Osmar!

– Nossa, vamos logo – disse-lhe.

– Até breve, Osmar – disse Carol.

Voltei correndo e abracei aquela linda e simpática jovem tão comprometida com Amor e Caridade.

Após um longo abraço ela sorriu e me desejou boa sorte!

– Obrigado, Carol, espero vê-la mais algumas vezes – disse-lhe.

Ela, sorrindo me disse:

– Até breve, Osmar!

"As coisas de Deus são assim: simples,
verdadeiras e sinceras."

Osmar Barbosa

Dia 4

Dia 4
Hospital Infantil
Catarina de Alexandria

Caminhamos até o fim da larga e florida alameda central. Lá, deparamo-nos com uma linda catedral, estilo gótico, bem antiga, verde e toda iluminada. Havia alguns espíritos na porta de entrada. A escadaria que dava acesso ao lugar era imensa, pude ver que lá em cima estavam me esperando Felipe e Ernani.

Ambos estavam vestidos de branco, e sobre a roupa usavam um jaleco também branco que lhes cobria quase todo o corpo. Na verdade, o jaleco ia até o joelho.

Felipe sorria olhando fixamente para mim, que ansioso subia as escadas sem mesmo me importar com o Marques que ficou para trás.

Esbaforido, finalmente cheguei até Felipe que, sorrindo, me abraçou.

– Olá, Osmar, seja bem-vindo!

Ernani se aproximou de nós e colocou a mão direita sobre meu ombro, abraçado a Felipe.

– Seja bem-vindo, Osmar!

– Nossa! Há quanto tempo não vejo vocês!

– Estamos trabalhando bastante, Osmar – disse Ernani. Marques finalmente nos alcança.

– Não sei porque tanta pressa, se a vida é eterna, Osmar.

[Risos]

– Desculpe-me, Marques, mas é que estou muito ansioso para conhecer o hospital.

– Eu compreendo – disse-me o amigo.

– Acalme-se, Osmar, temos todo o tempo do mundo.

– Obrigado, Ernani.

– Bom, o rapaz está entregue. Agora, Osmar, você segue com Felipe e Ernani. Vou voltar aos meus afazeres se assim me permitem.

– Puxa, Marques! Que pena você não poder seguir comigo – disse-lhe.

– Deixa o Marques trabalhar, Osmar, ele tem muita coisa a fazer.

– Eu estava brincando, se me permitem, é claro. Eu sei dos compromissos do Marques. Obrigado, querido, por sua ajuda!

– De nada, Osmar, agora tenho que ir.

– Até logo, amigo!

– Até breve, rapazes – disse Marques descendo o primeiro degrau da longa escada.

– Venha, Osmar, vamos entrar; Nina está nos esperando.

Rapidamente adentramos a porta principal do hospital. Havia crianças sentadas em cadeiras acompanhadas de espíritos amigos que lhes auxiliavam. O silêncio era profundo, quase se podia ouvir as batidas do meu coração ansioso.

Como nos demais lugares, havia uma recepção. Nessa recepção havia sobre o lindo e branco balcão um enorme arranjo de flores amarelas que muito me chamou a atenção.

O lustre que descia do teto, e parecia ser feito de um vidro muito branco, tornava o lugar encantador. Todos estavam de branco: médicos, enfermeiras, auxiliares, recepcionistas, enfim, todos.

– Venha, Osmar, vamos até a sala da Nina – me disse Ernani, falando baixo.

– Ela também é responsável pelo hospital?

– Sim, Nina é responsável pela escola e pelo hospital.

– Nossa, quanta responsabilidade!

– Pois é, aqui temos muitas responsabilidades e compromissos – disse Felipe.

– E você, Felipe, também dirige o hospital?

– Sim, eu, Hernani, Dra. Sheila, Dra. Patrícia, Emanuelle, Dra. Luciana, Dra. Maria Eugênia, Lola, Soraya, Lucas, Dr. Gilberto, Nicolas, Mirtes e tantos outros, estamos envolvidos com os hospitais que aqui existem e o pronto--socorro anexo a este prédio.

– Pronto-socorro?!

– Sim, temos um núcleo de socorro recém-inaugurado no Umbral, e é de lá que chegam os pacientes mais graves.

– Entendo, e para onde vocês levam esses pacientes?

– Para os hospitais que aqui existem – disse Ernani.

– E quantos hospitais existem aqui?

– Três – disse Felipe.

– Posso conhecê-los?

– Sim, vamos levá-lo a conhecer todos eles.

– Este aqui, que mais se parece com uma igreja, qual é?

– Este é o hospital infantil. Aqui chegam as crianças que desencarnam, vítimas de câncer, na tenra idade. Vou levar você para conhecer o hospital e depois vamos à sala da Nina, que vai lhe explicar melhor.

– Vamos – disse-lhe!

Após visitar todas as enfermarias e brincar com algumas

criança, finalmente fui levado à sala da Nina. É incrível como tudo funciona lá.

Felipe abre a porta lentamente e me convida a entrar.

A sala é ampla e bem clara. Há algumas poltronas brancas espalhadas pelo lugar. No lado esquerdo pude ver uma imensa mesa de reunião daquelas que têm vários lugares para se sentar e discutir assuntos relevantes.

Nina se coloca de pé e sorri para mim.

– Oi, Osmar, seja bem-vindo!

– Oi, Nina – eu disse, envergonhado.

– O que houve, Osmar?

– Sinto-me envergonhado em fazer tão pouco por essa obra de caridade. Visitei todo o hospital, vi crianças felizes e outras nem tanto. Vi o amor que todos vocês transmitem para essas crianças, e sinceramente fiquei sem entender muito bem algumas coisas.

– Então vamos sentar e você pode me perguntar tudo o que quiser saber.

– Venha, Osmar, sente-se aqui – disse Ernani me apontando uma confortável poltrona branca.

Envergonhado e sem muito jeito, eu me sentei.

– Está mais calmo? – perguntou Nina.

– Sim, estou calmo, só estou um pouco confuso.

– Confuso com o que?

– Hospital, crianças...

– Osmar, tudo o que existe aqui, existe lá; algumas coisas são bem parecidas outras, nem tanto.

– Por que?

– Por que Ele desejou e deseja que seja assim. Ele nos ama tanto, que não quer que tenhamos nenhuma surpresa. A vida espiritual é muito parecida com a vida material. Só que de forma diferente, entende?

– Isso eu já entendi. Eu gostaria mesmo é de saber um pouco mais sobre crianças na vida espiritual e hospitais.

– Estas crianças receberam altas doses de quimioterápicos. Os quimioterápicos danificam o perispírito, que precisa ser refeito para que esses espíritos sigam adiante. Eu já lhe expliquei isso!

– Isso vocês já me ensinaram.

– Então, qual é a dúvida?

– Porque elas são mantidas como crianças?

– Você vai morrer velho e vai acordar aqui como um velho. Ninguém morre velho e acorda jovem aqui e vice-versa. Depois que você se conscientizar que é um espírito eterno e expurgar tudo aquilo que contraiu indevidamente em seu perispírito quando estava encarnado, você poderá voltar à condição que melhor lhe convier. É assim que funciona!

– Então a função desses hospitais é receber os pacientes que de alguma forma danificaram seu perispírito e tratarem para que voltem à condição normal?

– Exatamente isso. Se você morre ainda jovem pelo câncer, seu perispírito chega aqui muito danificado. Realizamos então alguns tratamentos para eliminar essas ranhuras ou defeitos causados pela quimioterapia e pela própria doença, que deixaram lesionado o perispírito, que é o corpo fluídico pelo qual os espíritos se apresentam e se reconhecem aqui. Exemplo: um paciente que perde um órgão pela agressividade da doença e tem esse órgão retirado, esse perispírito chega aqui sem o órgão, que precisa ser refeito por nós. Assim também acontece quando um paciente sofre amputação de algum membro do corpo físico que lesiona o perispírito. Aqui refazemos o membro dando ao espírito plena condição de caminhar e viver normalmente enquanto estiver no mundo dos espíritos.

– Que legal, Nina! Isso sempre existiu?

– Sim, sempre existiu, embora tenha se acelerado bastante aqui durante as mutilações devido às guerras.

– Nossa, eu não tinha pensado nisso!

– Pois é, Osmar, durante as grandes guerras as Colônias

espirituais estavam lotadas de perispíritos mutilados –
disse Ernani.

– Faz sentido!

– Osmar, Ele não quer que nenhum filho d'Ele sofra.
O sofrimento é causado pela incompreensão e por falta de
amor nos corações encarnados. Quando você chega aqui
e dá de frente com essa realidade eterna tudo se modifica
dentro de si.

– Estas crianças não sentem saudades de seus pais?

– Sentem, e muita. Venha – disse Nina, se levantando.

Todos se levantaram junto com ela e caminhamos até
uma pequena sala; na verdade, uma sala de cinema, bem
pequena mesmo. Só havia duas poltronas confortáveis e
um grande espaço entre elas e a enorme tela.

– Entre, Osmar – disse Nina.

– Entramos e havia uma menina sentada na poltrona e
ao seu lado uma jovem vestida como enfermeira.

– Esta é Joana, Osmar.

– Muito prazer! – disse a jovem.

– E esta é Moema – disse Nina, apontando para a menina de uns oito anos de idade, aproximadamente.

– Oi, Moema! – disse-lhe, carinhosamente.

– Oi, tio – disse a menina, debilitada.

– O que houve com ela, Nina? – perguntei baixinho.

– Ela é recém-chegada e está com muita saudade de sua mãe.

– O que vai acontecer aqui?

– Espere e verá!

A sala fica escura, e na tela à nossa frente começa a parecer a imagem de uma jovem mulher sentada à sua mesa de trabalho.

– Olhem, é a mamãe! – disse Moema.

Os olhinhos da menina se encheram de lágrimas, mas eram lágrimas de alegria em poder rever sua mãe. Todos nós nos emocionamos com a cena.

– Você está feliz em ver sua mamãe? – pergunta Nina.

– Sim, tia Nina, minha mãezinha está bem, não é?

– Sim, meu amor, sua mamãe está seguindo em frente.

– Isso é bom, não é, tia?

– Sim, querida – diz Nina, carinhosamente.

– Posso ver meu pai e meu irmão?

– Sim, vamos ver.

Nesse momento a cena se desenrola em uma confortável casa; o pai de Moema está sentado na sala jogando *videogame* com seu irmão, ele tem aproximadamente onze anos. Os dois estão rindo alegres e se divertem com o jogo.

– Viu, Moema? Todos estão bem!

– Eu tenho que ficar bem logo, não é, tia?

– Sim, você tem que ficar bem para que tudo se cumpra.

– Vou me esforçar, tia, prometo – disse a jovem.

Durante algum tempo a cena se alterna mostrando a Moema e os amiguinhos, a escola, o cão de nome Fumaça, seus avós, primos e parentes. Ela estava feliz.

Deixamos o ambiente por sugestão de Felipe.

– Nossa, que lindo tudo isso!

– Gostou do que viu, Osmar?

– Sim, Nina, gostei muito! E vi como ela ficou alegre e feliz em poder ver seus familiares.

– É assim que vamos acalmando todos.

– Como assim?

– É por meio desses encontros que os espíritos que chegam aqui desesperados vão se acalmando e tomando consciência da sua real situação. Assim, vamos conscientizando esses espíritos até que estejam prontos para voltar a encarnar.

– Eles partem daqui para outro lugar?

– Sim, isso você vai poder acompanhar em breve.

– Estou ansioso por esse momento.

– Não fique – disse Felipe.

– Venha, Osmar, conhecer as enfermarias.

Caminhamos por extensos corredores onde há diversas enfermarias, algumas funcionam como UTIs onde eu não pude entrar. Nina me explicou que é ali que ficam os pacientes graves, espíritos que chegam mutilados de sua última encarnação.

Todos os espíritos que vi ali eram crianças, desde recém-nascidos até crianças com quinze anos. Todos em tratamento e recuperação. Fiquei muito impressionado com o amor e a dedicação de tantos espíritos voluntários trabalhando ali.

Tudo estava muito limpo e organizado, todos os espíritos envolvidos usavam o mesmo tipo de uniforme. As meninas vestiam um lindo e cintilante jaleco rosa. Os meninos estavam vestidos de branco. O que mais achei interessante foi que as camas ou macas não têm pés, elas flutuam sobre o nada. Há muita luz e fluidos nesses ambientes. Uma suave música encantou meus ouvidos.

Como é lindo o hospital infantil de Amor e Caridade!

– Osmar, agora vamos levar você para conhecer o hospital de adultos e logo depois a vila dos anciães.

– Podemos ir agora, Ernani?

– Sim, podemos.

Corri para me despedir de Nina.

– Nina, obrigado mais uma vez por esta oportunidade!

– Sempre que precisar de alguma coisa, me chame, Osmar.

– Obrigado mais uma vez!

Felipe então se despede de Nina e Ernani.

– Você não vai conosco, Ernani?

– Não, Osmar, ainda tenho algumas coisas a fazer aqui no hospital infantil. Mas logo encontro com vocês lá.

– Está bem – disse-lhe.

– Vamos, Felipe?

– Vamos, Osmar.

Após me despedir de alguns espíritos que fizeram questão de me cumprimentar, seguimos para o hospital de adultos.

"*É na dor que compreendemos os desígnios de Deus.*"

Osmar Barbosa

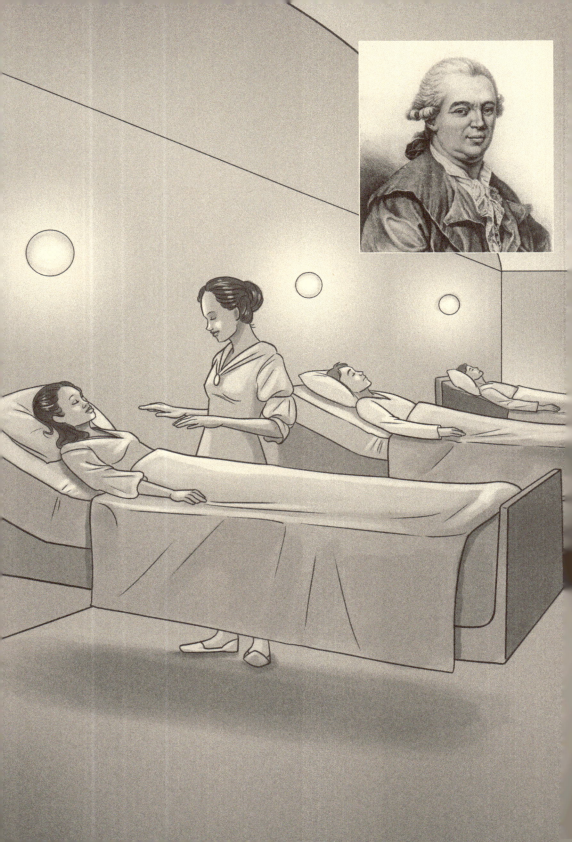

Hospital Espiritual Franz Mesmer

Quando chegamos ao hospital, após uma curta caminhada, meu coração gelou. Quase perdi os sentidos do desdobramento ao ler na placa o nome do hospital. Dr. Franz é um velho conhecido meu. Cheguei a parar de andar e fui amparado por Felipe, que estava ao meu lado.

– O que houve, Osmar?

– Eu nunca poderia imaginar que o Dr. Franz tivesse um hospital aqui.

– Você sabe bem da história dele, não é mesmo?

– Sim, Dr. Franz trabalha conosco até hoje na Fraternidade Espírita Amor e Caridade; é ele quem faz as cirurgias espirituais lá.

– Nós sabemos disso, Osmar, toda vez que o Franz vai até lá para operar seus pacientes nós estamos ao lado dele, dando-lhe o suporte espiritual necessário para as curas.

– Vocês não tinham me contado isso.

– Tudo tem a hora certa para acontecer, Osmar, tudo

tem o seu tempo para ser revelado. Você tem feito um bom trabalho, e à medida que você se modifica e modifica quem está ao seu lado, nos é permitido lhe revelar mais algumas coisas.

– Merecimento?

– Sim, tudo é merecimento, Osmar!

– Tome fôlego e vamos ao encontro dele, Osmar.

– Estou preparado, vamos em frente!

O prédio é redondo, como a maioria dos prédios da Colônia Espiritual Amor e Caridade. Só que este é bem grande e envidraçado. No alto está aquela bola que flutua e gira em sentido horário. Há dezenas de espíritos sentados na recepção, como pude observar no hospital infantil e também no prédio da administração. A rotina da Colônia é muito intensa, todos estão fazendo alguma coisa. Os poucos espíritos que vi parados, sem fazer nada, estavam sentados à beira de um enorme lago, e à sombra das gigantescas árvores que enfeitam o lugar. Todos, sem exceção, estão bem vestidos. Alguns vestem uma roupa um pouco diferente das demais, elas têm detalhes prateados e dourados. Alguns espíritos são diferentes, dá para notar claramente que são diretores ou chefes de departamentos.

A recepção, como as demais, é enorme e tem vários atendentes alegres e sorridentes.

– Olá, Felipe! – diz um jovem aproximando-se de nós.

– Olá, Alexandre!

Eu o reconheci. Ele é o rapaz que encontrei no Umbral administrando um posto de socorro recém-inaugurado lá. Eu psicografei o livro *O médico de Deus** e ele estava lá. Rapidamente estendi a mão para cumprimentá-lo.

– Olá, Alexandre!

– Olá, Osmar, seja muito bem-vindo ao nosso hospital!

– Obrigado! – disse-lhe.

– Venham, rapazes, o Dr. Franz os espera.

Eu estava muito nervoso. Caminhamos até um extenso corredor e entramos logo na primeira sala. Ao entrar nesta sala observei que há uma antessala muito bonita com algumas cadeiras e uma mesa de centro com uma linda flor branca ao centro, na verdade é uma recepção. Sentamo-nos ali por orientação de Alexandre e ficamos aguardando nossa vez para sermos atendidos.

Passados poucos minutos, uma linda jovem entra onde estamos e nos convida a entrar na sala principal.

– Bom dia, senhores, o Dr. Franz os aguarda, sigam-me, por favor.

---

*O livro *O Médico de Deus* ainda não foi lançado.

Entramos na sala do Dr. Franz. A sala é muito grande. Há na parte central uma grande mesa redonda com várias cadeiras em volta. Dr. Franz nos aparece, vindo do canto da sala onde há um pequeno oratório e estende sua mão direita para me cumprimentar.

– Bem-vindo, meu rapaz! – disse-me ele.

Nervoso, eu o cumprimentei.

– Como está, Felipe? – perguntou ele, apertando-lhe a mão e repetiu o cumprimento dirigindo-se a Alexandre.

– Como está a Isabel, Alexandre? – perguntou o médico.

– Ela está bem, doutor; está no núcleo, organizando tudo.

– Você e a Isabel estão de parabéns pelo trabalho realizado no Núcleo de Apoio no Umbral.

– Obrigado, doutor – disse Alexandre.

– E você, meu caro Osmar, nervoso por estar aqui?

– Não exatamente por estar aqui, mas por estar na sua presença.

– Mas por que esse nervosismo?

– Não conversamos muito, eu e o senhor. Não tenho a mesma intimidade como tenho com os outros amigos aqui da Colônia.

– O meu trabalho é específico, meu rapaz.

– Eu sei.

– Pois bem, vou lhe apresentar nosso hospital.

– Para mim é uma honra mesmo estar ao lado do senhor.

– Venha, vamos caminhar.

Saímos da sala e começamos a caminhar pelo extenso corredor. Pude ler as plaquinhas pregadas nas portas das diversas salas. Não sei precisar o número correto,mas havia sala para tudo.

Sala 1 – Tratamento dos fumantes

Sala 2 – Tratamento dos alcoólatras

Sala 3 – Tratamento dos aidéticos

Sala 4 – Tratamento dos cancerosos

Sala 5 – Tratamento dos drogados

Sala 6 – Tratamento dos suicidas

Sala 7 – Tratamento dos esquizofrênicos

Sala 8 – Tratamento dos psicopatas

Sala 9 – Ambulatório

Sala 10 – Engenharia

Sala 11 – Câncer

E por aí foi. São dezenas de salas. Curioso, perguntei por que as salas e os tratamentos são diferentes.

– Você já deve ter observado que tudo aqui é muito organizado.

– Sim, já observei isso.

– Pois bem, esses pacientes chegam aqui muito debilitados e atordoados. Nós mantemos este hospital exatamente como são os hospitais terrenos. Nosso objetivo é tratá-los e recuperá-los dos traumas vividos em suas últimas encarnações. Por isso mantemos nosso hospital como uma cópia fiel dos hospitais terrenos.

– Compreendo!

– As coisas aqui têm como princípio o amor, Osmar – disse Felipe.

– Sim, o amor é o princípio da vida – assegurou o Dr. Franz.

– Eles vêm de onde?

– Todos que aqui chegam são trazidos pela equipe de Alexandre lá do Umbral, ou dos hospitais terrenos.

– Quer dizer que eles são recolhidos no Umbral e trazidos para cá?

– Sim – disse Alexandre.

– E qual é o critério que vocês usam?

– Como assim? – perguntou o jovem rapaz.

– Como vocês escolhem quem virá para cá?

– Isso eu e Felipe vamos lhe mostrar pessoalmente, como já prometemos.

– Não vejo a hora.

– Posso entrar em alguma enfermaria dessas?

– Claro que sim, qual você quer conhecer?

– A dos fumantes – disse.

– Venha, vamos entrar – disse-me Franz.

Voltamos pelo corredor e entramos na sala 1.

Fiquei meio assustado e com muito medo naquela hora, pois não sabia bem o que iria ver ali. Franz se aproximou de mim e disse:

– O que você vai ver aqui é um pouco triste, mas tenha certeza que após esse tratamento todos esses pacientes saem refeitos e felizes.

– Tenho medo do que vou ver!

– Não tenha, estamos ao seu lado.

Alexandre então abriu a porta e lentamente entrei naquele ambiente.

A sala mede aproximadamente vinte metros quadrados. Pude contar trinta macas posicionadas uma ao lado da outra. Do teto vi descerem tubos com uma fumaça que os envolvia, ligado a partes dos corpos inconscientes deitados sobre macas limpas.

Uns tinham o tubo ligado ao pulmão; outros, ao estômago; outros, ao fígado e por aí foi. Pude observar que aqueles tubos sugavam algo ruim de dentro dos corpos e injetavam um líquido azul bem clarinho naqueles pacientes com seus corpos magros e doentes. Não me contive e perguntei.

– O que é isso?

– Estamos limpando o perispírito desses pacientes – disse-me Franz.

– É necessário isso?

– O câncer, como já lhe falamos, provoca lesões no perispírito.

– Sim, já sei – interrompe o mestre.

– O que eu gostaria de saber é que tipo de equipamento é esse?

– Ah, sim! Esse é um transfigurador. Ele é que transfigura o organismo doente em um organismo sadio.

– *Organismo*, como assim?

– Organismo espiritual, Osmar – interfere Felipe.

– Quando chega à vida espiritual você vai necessitar do seu corpo físico para ser reconhecido por seu pares, ou melhor, vai necessitar do seu corpo fluídico para ser reconhecido. Se o seu corpo fluídico chega aqui danificado, como é que você vai conseguir se expressar? Como é que seus familiares e amigos, enfim, todos os que experimentaram com você vão lhe reconhecer? Eles podem até ver e falar com você; mas por exemplo, se você morreu de um câncer na garganta, como é que vai conseguir se expressar? Vocês, encarnados, pensam o que? Acham que quando deixam o corpo físico, vítimas de uma grave doença, seu corpo espiritual vai chegar aqui sarado, bonzinho, sem nenhuma sequela?

– Falando a verdade, nós achamos isso sim.

– Pois bem, vocês estão muito enganados. Esse milagre ainda não existe. Nem Jesus chegou aqui com seu perispírito refeito. Lembre-se, quando ele apareceu para seus apóstolos, ele tinha as mãos e os pés ainda furados pelos pregos que o martirizaram na cruz. Vocês acham que é tudo fácil, não é? Vocês acham que vão levar uma vida desregrada, destrutiva e quando acordarem na vida eterna é como se nada tivesse acontecido?

– Somos muito imperfeitos, Dr. Franz.

– Bota imperfeito nisso! O que seria de vocês se não fôssemos nós a trabalharmos para o equilíbrio terreno?

– Agora posso ver como Deus é misericordioso mesmo.

– Ele é a razão, o motivo, o objetivo. Ele é a mais extensa forma de amor que vocês podem imaginar – disse Felipe.

– Estamos muito longe ainda da compreensão das coisas de Deus.

– Osmar, vocês estão no caminho certo. O espiritismo é o caminho prometido. Basta acreditarem no amor maior e tudo será de mais fácil compreensão – disse Alexandre. – Ele é o consolador prometido, lembre-se disso!

– Sinto-me um privilegiado por estar aqui experimentando tudo isso.

– Merecimento, Osmar – disse Franz.

– Obrigado, doutor.

– De nada, meu rapaz. Quer ver mais alguma sala?

– Não, estou satisfeito. Obrigado!

– Venha, Osmar, vamos levá-lo para ver a vila dos anciães.

– Vamos. Mas antes posso dar-lhe um abraço, Dr. Franz?

– Claro, venha cá! – disse o médico me abraçando.

Emocionado, saí daquele que foi, sem dúvida, um dos melhores encontros que já tive em desdobramento.

"A grandeza do homem está na sabedoria do perdão."

Osmar Barbosa

A Vila dos Anciães

Após alguns dias, em desdobramento, me encontrei novamente com Marques nos jardins da Colônia Espiritual Amor e Caridade.

– Oi, Marques, tudo bem?

– Sim, Osmar, e com você?

– Eu estou bem.

– Mas você está com ar de preocupado.

– Não está sendo nada fácil para mim tocar a vida, Marques.

– Mas o que houve? Alguma coisa que podemos lhe ajudar?

– Não sei se devo dizer, mas o que me aflige é a obra de caridade a qual vocês me confiaram, não me sinto capaz de levá-la até o fim.

– Mas por quê?

– O fardo é pesado demais, amigo; não pela obra em si, mas pelas pessoas do meu convívio.

– São as almas certas.

– Eu acredito que sim. Mas perdoe-me o desabafo, não é nada fácil explicar para as pessoas que tudo isso que estou vivendo aqui com você agora é o futuro delas.

– Quantos médiuns iguais a você, Osmar, trabalharam e trabalham para a divulgação da vida após a vida? Quantos abnegados trabalhadores como você estão hoje encarnados trabalhando para a divulgação do espiritismo?

– Milhares, eu acho.

– Osmar, Deus não julga Seus filhos e muito menos os pune. Deus se alegra quando você acredita n'Ele e trabalha para a melhora daqueles que expiam com você. Não se abata, não fique triste pelas pessoas. Se algum dia você achar que está tudo errado, fique triste por você e não por aqueles que não querem ouvir a verdade. As almas encarnadas atualmente estão acostumadas às coisas fáceis. Algumas religiões estão até vendendo pedaço de terra aqui nas Colônias, e pior, tem gente comprando. Não fique assim, nós estamos e estaremos sempre ao seu lado, dando todo o suporte que você precisa para levar em frente a sua missão.

– Obrigado pelas palavras, Marques, e me perdoe pela insegurança e desânimo.

– Você ainda está encarnado... Nós compreendemos isso!

– O dia está lindo aqui!

– Sim, hoje os fluidos que envolvem nossa querida Colônia resolveram nos brindar com essa cor magnífica do céu!

– Realmente o céu está alaranjado. Bonito isso aqui, Marques!

– Aproveite essa beleza toda e abrande o seu coração.

– Já estou melhor, às vezes tenho essas recaídas, mas acho que isso é normal. Afinal, não é fácil voltar para casa após passar algumas horas aqui com vocês.

– Deve ser difícil mesmo, Osmar.

– Muito, querido Marques!

– Vamos ao encontro de Felipe, ele está esperando para lhe mostrar a Vila dos Anciães.

– Vamos sim.

Felipe estava na porta do hospital infantil me esperando, e ao perceber que eu e Marques estávamos chegando ele desceu a longa escadaria para nos receber.

– Bem-vindos, Osmar e Marques!

– Obrigado, Felipe.

– Vamos conhecer a vila, Osmar?

– Sim, vamos.

Marques então se despede de nós e segue caminhando em direção ao prédio da administração.

Felipe começa a caminhar em direção ao lago. Calados, eu e Felipe caminhamos por alguns minutos, até que somos abordados por uma jovem de nome Ana.

Ela parece ter uns dezesseis anos, cabelos loiros caídos sobre os ombros, pele branca e sorriso discreto. Envergonhada, ela pergunta a Felipe onde ele está indo?

– Estou levando o Osmar até a Vila dos Anciães. Por que, Ana?

– Desculpe a intromissão, Felipe, mas é que eu gostaria de ir até lá com você, posso?

Felipe vira-se para mim e diz:

– Osmar, esta é Ana!

Estendi a mão e cumprimentei a jovem que encabulada, apertou suavemente minha mão direita.

– Muito prazer, Osmar – disse ela.

– O prazer é meu, Ana. Você é muito bonita!

– Obrigada – disse a menina.

– Por que você quer nos acompanhar até a vila, Ana?

– Quero ver se minha avó chegou.

– E por que você não fez isso sozinha?

– Porque não devo ir lá sem ser convidada. Você sabe as regras!

– Nisso você tem razão, menina. Você se importa se ela for conosco, Osmar?

– Claro que não, Felipe!

– Então venha conosco, Ana.

– Obrigada, Osmar; obrigada, Felipe – disse a menina, feliz.

Seguimos lado a lado a caminho da Vila dos Anciães.

Chegamos a uma grande chácara que mais parecia um asilo. A casa de um só andar é rodeada por uma grande varanda onde pude ver diversas cadeiras, daquelas que balançam e os velhos gostam de ficar sentados. Há vasos de plantas pendurados nas madeiras que sustentam a grande varanda. Bebedouros para pássaros e muitos jardins que compõem a imagem do lindo lugar.

Alguns senhores e senhoras estão sentados embaixo de uma parreira com flores amarelas. Algumas das senhoras tinham nas mãos crochês, que estavam ali sentadas fazendo. Sobre as pernas pude ver toalhas, ou melhor, pequenos cobertores que lhes cobriam. Parei e fiquei olhando aquilo sem nada entender.

Ana e Felipe estavam um pouco à frente, quando perceberam minha ausência. Foi então que Ana caminhou até o ponto em que eu me encontrava e me questionou:

– O que houve, Osmar?

– Estou perdido.

~ 167 ~

– Como assim?

– Como assim, um asilo em uma Colônia?

– Isso aqui não é um asilo e sim a vila.

– *Tá*, chamem vocês do que quiserem, mas por que essas pessoas se encontram como velhos?

– Osmar, é melhor você entrar. Lá dentro você vai compreender tudo isso – sugeriu Ana. E ela insistiu me puxando pelo braço.

– Vem, Osmar, vem logo!

"Carregado", entrei naquela linda vila. Ao passar pelo portal de flores do lugar, pude ver algumas casinhas do mesmo modelo, enfeitadas com lindos jardins e muitas flores.

Felipe caminhava calado à frente. Eu e Ana caminhávamos atrás dele.

– Que lugar lindo, Ana!

– Sim, esse é um lugar muito especial.

– O que acontece aqui?

– Felipe vai lhe explicar, já estamos chegando.

À nossa frente então surge uma casa maior, parece ser a sede do lugar. Linda, toda pintada de verde. Flores enfeitam as janelas pintadas com um tom mais escuro de verde.

No telhado pude ver várias aves coloridas pousadas, umas acariciando as outras com seus bicos coloridos.

– Venha, Osmar, vamos falar com Jonathan.

– Quem é esse Jonathan, Ana?

– O dirigente da vila.

Um lindo senhor de cabelos bem branquinhos aparece para nos receber. Ele é o Jonathan.

– Sejam bem-vindos, meus filhos! – disse ele de braços abertos.

Felipe despeja seu corpo sobre o atlético senhor que o abraça com ternura. Ana repete o gesto e é abraçada carinhosamente por Jonathan.

– E você, rapaz, não gosta de abraços?

– Sim, claro, senhor – disse me dirigindo ao abraço caloroso do velhinho simpático e alegre.

– Jonathan, eu trouxe um amigo desejoso de conhecer a vila.

– Será um enorme prazer lhe apresentar a Vila dos Anciães, Osmar.

– E por onde podemos começar? – me perguntou ele.

– Primeiramente eu gostaria de entender por que o senhor se mantém como velho, já que todo espírito quando chega aqui fica logo desejoso de voltar à sua juventude.

– Osmar, a vila é um local de reencontros. Vamos caminhar, e durante a caminhada lhe explico o que acontece aqui, pode ser?

– Claro que sim, senhor!

– Então venham, vamos caminhar!

A rua era estreita, mal dava para caminharmos lado a lado. O lugar é encantador: bancos, jardins bem cuidados, flores, senhoras idosas sentadas fazendo crochê, pássaros cantando, e ainda todos exibiam um belo sorriso.

Passamos por diversas casas, onde pude ver senhoras sentadas na sala conversando com outras senhoras. Senhores conversando com outros senhores, sentados nos bancos das minúsculas varandas dessas casas que adornavam nosso caminho.

O lugar é mágico e encantador.

O silêncio é interrompido por um grito histérico de Ana, que corre em direção a uma senhora bem velhinha, que está sentada em uma dessas varandas. Ela corre e se joga nos braços daquela que pude ver que era sua avó.

Gritos e muito choro de alegria. Ana abraçava e apertava a senhora sem dar tempo a ela para falar.

– O que houve, Jonathan?

– Finalmente ela chegou.

– Quem?

– A avó de Ana.

– Ana está conosco há algum tempo, Osmar. Todas as semanas ela vem até a vila para saber se algum de seus familiares chegou. Ana desencarnou pelo câncer e nos ajuda muito aqui, mas faltava a ela algum familiar entre nós.

– Meu Deus, agora compreendo a vila!

– A vila é o lugar para onde os idosos, que após o refazimento nos hospitais, são levados para o reencontro familiar.

– E o que acontece agora?

– Se houver necessidade, elas permanecerão por mais algum tempo aqui; se não houver, Ana Rosa, que é a senhora que abraça nossa menina Ana, volta à sua condição de jovem e mostra para a sua neta uma forma que vai passar a conhecer estando aqui. Para que Ana reconheça Ana Rosa é necessário que Ana Rosa se mostre como Ana a conheceu na vida terrena; se ela se mostrasse com as feições de jovem jamais Ana a reconheceria. A vila é o lugar onde os avós se encontram com seus filhos e netos, e daqui seguem juntos para novas etapas evolutivas.

– Meu Deus,que lindo isso aqui!

– Obrigado, Osmar – disse Jonathan.

Eu o abracei novamente.

– Ana, parabéns! – disse–lhe.

– Viu, Osmar? A vida não termina com a vida. Minha avozinha querida chegou.

– Ana, aproveite muito esse momento, ele é todo seu – disse Felipe.

Após presenciar mais um momento mágico, eu, Felipe e Jonathan caminhamos ainda algumas horas na Vila dos Anciães. Ele me apresentou vários lugares, jardins, casas. Enfim, o lugar é lindo.

Eu pude entender melhor como tudo funciona. Ora, se seu avô morre velho, como é que você poderia reconhecê-lo se ele se mostrasse jovem? Para que eu possa reconhecer alguém que não conheci como jovem, que só conheci como velho, é claro que ele tem que se apresentar para mim como velho!

Como somos ignorantes!

"As cidades espirituais são nosso próximo destino."

Osmar Barbosa

Dia 5

Dia 5
Um Hospital em São Paulo

De volta à Colônia Espiritual Amor e Caridade.

Os dias passam e eu reencontro Felipe.

Cheguei à Colônia e me encontrei com Felipe, que havia me prometido acompanhar todo o processo de como tudo acontece após nosso desencarne. Eu estava muito ansioso por esse dia. Afinal, esse é o grande mistério da vida.

– Oi, Felipe!

– Olá, Osmar, seja bem-vindo!

– Obrigado!

– Vamos ao prometido?

– Sim, só estou esperando pela Nina.

– Ela vai conosco?

– Sim.

– Então vamos esperar. Já vi que atraso feminino não é coisa das meninas encarnadas – brinquei.

– Aqui não contamos tempo, por isso não há atrasos.

– Estou brincando, Felipe.

– Eu não!

Pareceu-me que ele não gostou da minha brincadeira. Então fiquei sentado ao seu lado, calado.

Nina surge linda como sempre. Ela estava vestida com um lindo vestido azul-escuro que lhe cobria todo o corpo; porém realçava seu cabelo ruivo e suas sardas na pele branca de seu lindo rosto.

– Oi, Osmar!

– Oi, Nina!

– Vamos, meninos?

– Vamos – disse Felipe levantando-se rapidamente.

Achei que Felipe estivesse aborrecido comigo, sinceramente.

Densa névoa nos envolve, e chegamos rapidamente a um hospital de São Paulo.

– Estamos em São Paulo, Nina?

– Sim, vamos subir até o CTI, onde está a nossa assistida.

Não sei como subimos até aquele andar, mas chegamos num piscar de olhos. Era um CTI infantil na ala destinada às crianças com câncer. Nina me mostrou uma cadeira na sala de espera e pediu-me para ficar ali esperando ela e Felipe voltarem. Após alguns minutos um casal chega e senta-se ao meu lado.

Lembro-me bem dos nomes: ela, Janira; e ele, Paulo César.

Janira não parava de chorar; e seu marido, Paulo César, estava assim como ela, inconsolável.

Fiquei triste ao ver tanto sofrimento.

– O que foi que fiz a Deus para merecer isso, Paulo? Nossa filha é tão jovem, não é justo o que estamos passando.

– Meu amor, tenha fé em Deus;Ele vai salvar nossa filha.

– Mas Paulo César, ela só tem oito anos, oito anos!

– Calma, querida, vamos confiar nos médicos. Vamos confiar na quimioterapia, ela vai salvar nossa filha.

– Eu sinto aqui dentro que ela não vai voltar mais para casa, Paulo. Algo me diz que perdemos a luta para o câncer.

– Calma, querida, vamos esperar pelas notícias que os médicos vão nos dar daqui a pouco.

– Você é muito paciente, Paulo.

Paulo então coloca Janira deitada em seu colo, logo ela se acalma e fica imóvel sem nada dizer.

Nina e Felipe voltam e me chamam para entrar com eles no quarto onde está a menina adoentada.

– Venha, Osmar, e não fale nada.

– *Ok*, Nina.

Entramos na UTI. Havia quatro macas, todas com pacientes; aliás, todas com crianças entubadas e em estado muito grave.

À esquerda havia uma menina de uns doze anos, entubada e em coma profundo. No centro nossa paciente e mais um menino de uns dois anos, também entubado e em coma.

À esquerda outra menina de uns onze anos, também entubada e em coma.

Nina se aproxima da jovem e impõe sobre ela suas mãos, Felipe repete o gesto, e após alguns minutos ele olha para mim e me convida a me aproximar da paciente.

Confesso, levei outro susto; a paciente ali deitada era uma linda menina de oito anos de idade. Na cabeça não havia mais cabelo devido às quimioterapias. Ela tinha algumas pulseirinhas com imagens de santos da igreja católica e um lindo cordão de ouro, também com a imagem de uma santa.

Nina se afasta recolhendo seus braços e os ajuntando ao corpo, Felipe repete o que Nina fez.

Janira é trazida pela equipe médica, curva seu corpo sobre a cama e pega nas mãos da menina que lentamente deixa a vida física.

Paulo César não teve coragem para presenciar tal acontecimento. Ele se manteve à porta da UTI.

~ 180 ~

Densa névoa invade a pequena sala. Era uma névoa azulada que quase me ofuscou a visão; de dentro dela abriu-se um lindo túnel de luz branca onde dois rapazes vestidos de branco traziam nas mãos uma maca, também branca. Ao lado deles havia um senhor de cabelos brancos que olhou para Nina e Felipe e sorriu. Logo em seguida os rapazes retiram os tubos ligados à menina deitada no leito e a transfere para a maca que eles abriram e retornam para o túnel levando a menina. O senhor caminha atrás deles após despedir-se com um gesto de cabeça de Nina e Felipe.

A névoa se desfaz e o túnel se apaga.

– Ela morreu, Nina?

– Sim, ela desencarnou.

– Todos nós somos recolhidos assim?

– A maioria – disse Nina.

– Para onde ela foi?

– Para a nossa Colônia!

– E lá na Colônia o que vocês irão fazer com ela?

– Nosso compromisso com ela é prestar os primeiros socorros, e acompanhar sua recuperação.

– Como sofreram os pais dela agora, não é?

– Sim – disse Felipe.

– Nossa, eu não queria estar na pele deles!

– A perda temporária é parte da evolução do espírito, Osmar; é apenas uma separação temporária – disse Nina.

– É, mas nunca estamos preparados para isso.

– Venha, vamos acompanhar Roberta.

– Quem é Roberta?

– A menina que acaba de desencarnar.

Novamente somos envoltos em uma densa névoa e chegamos ao Hospital Catarina de Alexandria na Colônia espiritual.

Os maqueiros chegaram conosco e colocaram Roberta em uma enfermaria da Colônia. Logo, algumas enfermeiras se aproximam e trocam a roupa da menina. Uma pequena luz verde é acesa na fronte da menina, bem no meio da testa. E ela fica ali repousando após o desenlace físico.

– O que acontece agora, Nina?

– Agora ela começa a receber o tratamento de refazimento do seu perispírito, como já lhe explicamos.

– Quanto tempo demora isso?

– O tempo é relativo aqui. O que pode ser meses para vocês, encarnados, para nós passa como dias. Na verdade, é preciso que tudo seja ajustado agora.

– E quais são os ajustes?

– Espere e verá.

– Nina, aquele senhor que estava com os maqueiros eu não o vi chegar aqui.

– É o Ítalo.

– Quem é Ítalo?

– Um dos responsáveis pelos resgates em hospitais – disse Felipe.

– Você não o conhece, Osmar – disse Nina para me acalmar.

Luzia aparece repentinamente e chama Nina.

– Nina, eles chegaram.

– Venham, Osmar e Felipe, eles chegaram!

Saímos para a recepção do hospital e lá estavam dois rapazes ansiosos. Ao verem Nina, correram em nossa direção.

– Ela chegou, Nina?

– Sim, nós a trouxemos.

– E como ela está?

– Bem debilitada, posso garantir.

– Eles tentaram de tudo para mantê-la viva – disse Felipe.

– Agora eu a entrego aos cuidados de vocês – disse Nina.

– Pode deixar, Nina. Deixe-a conosco.

– Vamos, Luiz.

– Vamos.

Os dois rapazes saem correndo em direção à enfermaria em que deixamos Roberta. E eu fiquei mais curioso ainda.

– Nina, você pode me explicar o que está acontecendo?

– Sim, vamos nos sentar – convida Nina para irmos à sua sala.

Após nos sentarmos, ela então começa a me explicar:

– Aqueles rapazes que você viu lá fora são os familiares mais próximos de Roberta; eles foram irmão e pai dela na vida anterior a essa que ela acaba de deixar. Luiz é o mais evoluído, Flávio caminha para sua evolução. Quando um desencarnado chega aqui ele é recebido por nós, que o encaminhamos para ficar próximo a seus familiares. Todos os espíritos estão, de alguma forma, ligados uns aos outros, ninguém evolui sozinho. Assim, quando esses espíritos chegam aqui tudo já está organizado por nós, que passamos agora a auxiliar esse grupo familiar a seguir evoluindo juntos.

– Nossa, Nina, que legal!

– E tem mais…

– Sim, Nina, o que será que tem ainda para me mostrar?

– Eles já chegaram? – diz Nina, dirigindo-se a Felipe.

– Sim.

– Peça-lhes para entrar, por favor! – disse Nina.

Todos nós ficamos calados esperando pela aparição desses que Nina havia falado.

Uma senhora de aproximadamente cinquenta anos e seu companheiro da mesma idade entram na sala.

– Bem-vindos, Eliana e Miguel! Sentem-se, por favor.

Após nos cumprimentar, os recém-chegados sentam-se ao meu lado.

– Roberta acaba de chegar – diz Nina.

Eliana leva as mãos ao rosto como se fosse chorar de alegria.

Miguel sorri e diz "Graças a Deus ela chegou".

Graças a Deus, como assim? A menina morreu.

– Ela sofreu muito, Nina?

– Não muito, Eliana.

– Que bom! – disse a mulher.

–Tudo está se cumprindo conforme combinado. O Luiz e o Flávio já começaram o refazimento. Vocês podem visitá-la assim que terminarmos aqui.

– Obrigado, Nina – disse Miguel.

– Mas se faz necessário que façam a parte de vocês nesse processo.

– Pode deixar, Nina, que assim que terminarmos aqui vamos até a casa do meu filho para acalmar a todos.

– Esse ao lado de você é o Osmar; ele está escrevendo um livro para mostrar para as pessoas encarnadas como tudo acontece por aqui. Vocês querem mandar algum recado por ele?

– É um prazer para nós estar com você, Osmar.

– O prazer é meu, senhor.

– Eu gostaria que você dissesse a todos os encarnados que não tenham medo da morte, porque ela não existe. Mas que nunca provoquem a morte, porque nenhum de nós tem esse direito. Diga às pessoas para viverem com dignidade e respeito e que tudo se cumpra pela vontade do Criador.

– Você pode fazer isso?

– Já está registrado nas páginas deste livro, senhora.

– Obrigado, meu amigo.

– Eu é que agradeço a oportunidade.

– Bom, agora temos que ir – disse Eliana.

Após saírem da sala perguntei a Nina para onde eles iriam e quem eram.

Nina então me respondeu:

– Osmar, como nós já lhe dissemos, ninguém está sozinho nesse universo. Todos nós estamos ligados pelas existências anteriores. Eliana e Miguel foram os pais de

Paulo César e desencarnaram em um acidente de avião. Agora eles voltam ao lar para abrandar os corações sofridos. Paulo César se recuperará mais rápido, mas Janira vai dar bastante trabalho para eles. Nossa querida Roberta só poderá ser acordada quando a paz e o amor estiverem de volta em seu lar. Assim, aqueles que chegam aqui primeiro, auxiliam os que acabam de chegar e iluminam aqueles que um dia virão.

– Nossa, Nina, que perfeição!

– O amor, Osmar, sempre ele!

– Verdade! Imagina, aqueles que partiram antes de nós recebem a oportunidade de nos ajudarem diante dos traumas que a vida nos apresenta, e ainda preparam o lugar para quando chegarmos.

– Assim, Osmar, quase tudo se cumpre.

– Como assim *quase tudo*?

– Roberta é uma criança inocente que desencarnou ainda em sua juventude, vítima de uma terrível doença. Ela se voluntariou para auxiliar Janira a evoluir pela perda, pela dor. Ambas traçaram esse destino.

– Quer dizer que tudo já estava combinado?

– Não existem acasos, lembra?

– Verdade.

– Mas agora, Osmar, Felipe vai lhe mostrar o outro lado. Aquilo que ninguém deve fazer.

– Meu Deus, o quem vem agora?!

– Vá, Felipe, chame o Lucas e vá com o Osmar.

– Obrigado, Nina.

Despedi-me abraçando a iluminada Nina Brestonini.

"Onde quer que escolhas viver, ali também estará o Deus que sempre esteve contigo."

Osmar Barbosa

Dia 6

Dia 6
O Umbral

Ao sair do hospital, eu e Felipe caminhamos pela avenida central da Colônia até os portões de entrada. Ao chegar lá, pude ver que Lucas estava nos esperando. Ele é alto, forte, mede aproximadamente 1,85 m de altura, cabelos negros, olhos castanhos e barba por fazer. Ao me ver, estende o braço para me cumprimentar.

– Olá, Osmar!

– Como vai, Lucas?

– Bem. Olá, Felipe!

– Vamos em frente, amigos?

– Sim, vamos.

Saímos da Colônia e adentramos uma névoa densa e escura. Sempre ao meu lado, Lucas me dava serenidade para caminhar ao lado deles.

– Para onde estamos indo, Felipe?

– Ao posto de socorro e atendimento Amor e Caridade, que fica no Umbral.

– E onde fica isso, em que região do Umbral?

– O pronto-socorro de nossa Colônia fica muito próximo ao Vale dos Suicidas e demais regiões do Umbral.

– O que iremos fazer lá?

– Buscar um paciente, quero lhe mostrar como tudo acontece.

– Então vamos – disse.

O lugar era frio e escuro. As ruas em que caminhávamos estavam cobertas por lama, e nas margens havia capim seco. Tudo era escuro. A lama é bem escura, e o lugar parece úmido, como se tivesse chovido pouco tempo atrás.

Já estive no Umbral algumas vezes, mas nunca fui por esse caminho.

Havia muitas encruzilhadas.

– Falta muito, Felipe?

– Já estamos quase chegando.

Continuamos a caminhar. Passamos por um desfiladeiro e pude ver imensas aves pousadas sobre as encostas, olhando para nós.

– Essas aves não vão nos atacar, Lucas?

– Na verdade, elas têm medo de nós.

– Por que?

– Olhe para as suas roupas e você compreenderá.

Olhei para minhas roupas, e elas cintilavam naquela escuridão. O nosso caminho era iluminado por nossas roupas.

– Nossas roupas estão claras, Lucas.

– Sim, elas cintilam aqui – disse Felipe.

– Por que? – perguntei.

– Nós viemos da Colônia e trazemos um pouco dela conosco. Essa luminosidade é o que nos protege aqui.

– Entendi! Fluidos?

– Sim – disse Lucas.

À frente, em um descampado, vi um prédio verde como o da Colônia. Ele é retangular e tem a tal esfera que gira acima do teto. Uma luz muito forte sai de dentro do prédio e ilumina todo o lugar.

– Chegamos?

– Sim – disse Lucas.

Na porta do prédio estavam Alexandre e Isabel para nos recepcionar.

– Olá, Alexandre, como vai? – disse Felipe.

– Estava lhe aguardando, amigo. Oi, Lucas!

– Oi, Alexandre! Como vai, Isabel?

– Estou bem, vamos entrar; é perigoso ficar aqui fora – disse a jovem abrindo a porta com a mão esquerda.

Entramos e me vi dentro de um pequeno hospital, assim como os da Colônia.

Mesas e cadeiras brancas. Um pequeno balcão de atendimento e armários espalhados pelo lugar.

Atrás da recepção pude ver algumas enfermarias. Todas limpas e iluminadas. Havia ainda alguns pacientes sendo atendidos por médicos e enfermeiras. Pude ver um enfermeiro que dava remédio a uma velha senhora.

Alexandre nos convida a entrar em sua sala.

– Sejam bem-vindos, meus amigos!

– Obrigado – disse Felipe. – Já está tudo pronto para o resgate?

– Sim, nosso paciente já está sendo trazido pelos guardiões.

– E de onde ele vem?– pergunta Felipe.

– Do Vale dos Suicidas – disse Alexandre.

– Ele está bem?

– Acredito que sim.

– E você, Isabel, como tem passado?

– Estamos muito atarefados aqui, Lucas.

– Que bom! Daniel tem aparecido?

– Ele esteve aqui dias atrás.

– E o que veio fazer?

– Supervisionar, amigo.

– O chefe não é fácil mesmo – disse Lucas.

– Olhem bem a responsabilidade de Daniel, rapazes.

– Você tem razão, Isabel.

Ouvimos um enorme estrondo naquela hora, vindo do lado de fora do posto de atendimento.

– Acho que eles chegaram – disse Felipe.

– Sim, são eles... – assegurou Alexandre.

– Mas que barulho foi esse? – perguntei.

– Venha, Osmar, venha ver – disse Lucas.

Saímos do prédio e pude ver um enorme veículo de transporte que é muito usado no Umbral. Parece um carro forte daqueles que transportam dinheiro aqui em nosso plano. O carro é pintado de preto e nem as rodas conseguimos ver. O veículo é bem forte e protegido por chapas de ferro ao redor.

Uma porta se abre e dois guardiões trazem ao seu lado um homem de estatura mediana, bem sujo e muitíssimo magro. Olhos fundos e dentes sujos, um horror.

São dois guardiões enormes que seguram cada um em um braço do frágil rapaz. Eles entram no hospital e deixam o menino sentado em uma das cadeiras da recepção. O silêncio é total. Ninguém fala nada com ninguém.

Após deixarem o rapaz, um deles se dirige a Alexandre e lhe entrega uma ficha preenchida em um papel marrom.

O carro é ligado e eles vão embora.

Entrega feita, vamos aprender com eles.

Entrei ao lado de Lucas e Felipe, fomos todos levados para uma enfermaria. O rapaz de nome Rafael foi imediatamente colocado em uma maca. Dois médicos e o tal enfermeiro começaram os primeiros cuidados.

Trocaram a roupa do rapaz e começaram a passar no corpo dele um pano para retirar toda a sujeira.

O menino então começa a aparecer.

Ele é branco e aparenta ter uns vinte anos. Tem cabelos crespos e negros. Seus olhos são verdes e sua pele, branca. Sua beleza começa a aparecer.

Seu nome é Rafael.

– Como você está se sentindo, Rafael?

– Estou bem, doutor.

– Vamos trocar sua roupa e lhe dar algum alimento para que possa seguir para a Colônia. Tudo bem?

– Agradeço por vocês terem me tirado de lá, eu achava que Deus tinha me esquecido, senhor!

– Deus não esquece nenhum de Seus filhos, Rafael.

– Perdi a conta dos anos que fiquei lá, senhor.

– Você ficou oito anos no Vale dos Suicidas.

– Tudo isso?

– Sim.

– E agora?

– Agora, após a libertação, você será levado para a Colônia Espiritual Amor e Caridade; lá, você receberá as instruções a que deve seguir.

– Eu agradeço muito a todos vocês por terem me tirado das mãos daqueles caras, eles estavam me matando.

– Mas você já morreu!

– É, eu sei. Mas é de outra morte que estou falando.

– E como seria essa segunda morte?

– Lá, você morre muitas vezes, doutor. Toda vez que eu me lembrava de como tirei minha própria vida eu morria novamente. E isso era quase todos os dias. Eu me enforquei no meu quarto, e todos os dias, mas todos os dias mesmo, eu era levado por meus sentimentos e por meus pensamentos àquele maldito quarto, e me pendurava até apagar e acordar novamente sofrendo no Vale.

– Aprendeu a lição?

– Sim, doutor, aprendi da pior maneira.

– Agora você terá mais uma oportunidade, meu rapaz.

– Obrigado, doutor, muito obrigado.

– Saiba que eu também passei por isso. Agora sirvo aqui neste posto de socorro para redimir tudo o que fiz da minha vida.

– Como é o nome do senhor, doutor?

– Gilberto, mas pode me chamar de Gil.

– Obrigado por cuidar de mim, Gil.

– De nada, meu irmão.

Alexandre então chama Felipe para sua sala e me deixa ali assistindo tudo. Os maqueiros chegam e ficam esperando a permissão para levarem Rafael.

Ítalo vai até a sala de Alexandre e volta trazendo o papel marrom nas mãos.

– Vamos, rapazes, podem colocar o Rafael na maca, vamos para a Colônia.

Alexandre nos chama na sala.

– Sentem-se, amigos!

– Osmar, o Rafael agora está sendo levado para a Colônia. Lá, ele receberá o tratamento necessário a seu equilíbrio. Aqui é onde recebemos e encaminhamos espíritos arrependidos para serem acolhidos em nossa querida

Colônia. O fluxo ainda é pequeno, mas acreditamos que em breve as coisas vão melhorar.

– Perdoe-me a intromissão, mas como assim *fluxo pequeno*?

– O Umbral se assemelha muito à vida na Terra; aqui tem tudo o que tem hoje em dia na Terra. Quando o espírito se liberta do envoltório físico e se descobre como espírito eterno, a maioria deles prefere viver aqui como se estivesse vivendo na Terra.

– Meu Deus!

– Aqui, Osmar, há orgias, bebidas, fumo, badernas, tudo aquilo que o espírito precisa para não evoluir.

– Mas por que eles fazem essas escolhas?

– Ignorância – disse Felipe.

– Eles ainda não compreenderam o que são, Osmar – disse Lucas.

– Se na Terra é assim, por que aqui no Umbral não seria?

– Pois é, meu amado irmão. Ao se descobrirem eternos, em vez de evoluírem, eles preferem viver assim, amonto-ados em cavernas e barracos que eles mesmos constroem com sua vibração negativa. Destilam álcool, inventam cigarros, até drogas alguns deles já conseguem condensar.

– Perdoem-me a pergunta, mas Deus permite tudo isso?

– Deus, Osmar, permite tudo.

– Mas...

– Osmar, vivendo assim os espíritos também aprenderão. Logo eles batem à porta do posto de socorro, arrependidos e pedindo para evoluir, assim como você pode ver que ocorreu com Rafael. A ignorância desses espíritos força-os a buscarem respostas que estão prontas nas Colônias espirituais. Todas as Colônias têm aqui no Umbral postos de socorro como o nosso. Como esse que você está vendo aqui agora. O amor e a misericórdia estão presentes em todos os lugares, seja na vida física, seja na vida espiritual. O planeta Terra está sendo regenerado, você mesmo já escreveu sobre isso.

– Sim, o livro *A Batalha dos Iluminados*.

– Pois bem, o recado já foi dado. O caminho já foi mostrado, agora é com vocês – disse Alexandre.

– Verdade, meus amigos, tudo depende de nós.

– Vocês ficam presos a velhos costumes, velhas mensagens, velhos livros, velhos dogmas e por aí vai. Vocês precisam aprender que tudo se renova todos os dias, tudo se modifica para evoluir.

– Meu Deus!

– Agora você vai voltar para a Colônia e ver como segue o resgate de Rafael.

– Vamos, Felipe – disse Lucas.

– Vamos sim – disse Felipe, se levantando.

Abraços, cumprimentos e voltamos à Colônia Amor e Caridade.

"Que eu nunca esqueça que Ele criou todas as coisas para minha felicidade."

Osmar Barbosa

Día 7

Dia 7
O amor, eterno amor

Chegamos rapidamente à porta do Hospital do Dr. Franz. Ítalo estava nos esperando.

– E então, Ítalo, onde está Rafael?

– Já está sob os cuidados do Dr. Franz.

– Ele está na enfermaria?

– Sim, Felipe. Olhe quem vem vindo ali!

Olhamos todos juntos para a alameda florida de Amor e Caridade e vimos que Daniel estava caminhando, abraçado a uma mulher vestida com uma túnica azulada. A princípio pensei ser Nina, mas chegando mais perto vi que a mulher chorava copiosamente, abraçada a Daniel.

Lentamente eles se aproximaram de nós, que permanecemos calados esperando Daniel chegar.

O ilustre mentor subiu amparando a jovem mulher até chegar próximo de nós.

Lucas carinhosamente auxiliou os últimos passos da jovem mulher para chegar até nós.

– Deixe-me ajudá-la, senhora!

– Obrigada, meu jovem – disse a mulher.

– Olá, Daniel!

– Como está, Osmar?

– Estou bem, Daniel, antes de qualquer coisa, quero lhe agradecer por tudo.

– De nada, meu querido irmão.

– Daniel, posso vê-lo?

– Sim, Iolanda, pode entrar e ver seu filho.

– Obrigada, Daniel, com licença, senhores – disse a mulher se afastando rapidamente de nós.

– Essa é a mãe do rapaz? – perguntou Lucas.

– Sim, é ela.

– Como você conseguiu isso, Daniel? – perguntou Felipe.

– Como eu consegui o que?

– Pelo que sei, Iolanda suicidou logo após a morte, também por suicídio, de Rafael. Ele ficou oito anos no Umbral e ela está aqui refeita, pronta para recebê-lo? Como isso pode acontecer? – perguntou Lucas.

– Lucas, o que mais atrasa a evolução espiritual é o julgamento. Todos os espíritos precisam aprender a não julgar. Se vocês soubessem como se atrasam ao julgar seu semelhante, nenhum de vocês julgaria ninguém, até saberem a verdade.

– Daniel, já não está aqui quem perguntou – disse Lucas.

– Lucas, meu querido, não estou julgando você por sua pergunta, estou é aproveitando-me dela para ensinar a todos vocês que o JULGAR é o que mais atrasa a evolução do espírito.

A maioria dos espíritos que estão expiando encarnados na Terra estão lá porque julgaram seu semelhante em algum momento; e pior, fizeram desse juízo suas verdades. Julgar faz parte da evolução, agora tentar impor seu juízo como verdade, isso sim, é pecado. As pessoas não querem ouvir a verdade, porque elas não desejam que suas ilusões sejam destruídas.

Iolanda encarnou ao lado de Rafael como uma companheira das horas mais difíceis desse espírito. Na encarnação passada, Rafael era filho de Iolanda, e ele a matou enforcada nas forcas da Inquisição para satisfazer o que ele acreditava. Assim, eles encarnaram juntos: ele, para morrer na forca; e ela, para acompanhá-lo até o momento do suicídio. Passado isso, Iolanda não tinha mais nenhum motivo pàra estar encarnada. Seu suicídio se deu por uma dose maior de um medicamento que ela ingeriu sem querer, sem perceber. Foi um suicídio involuntário, mas combinado mesmo antes de encarnar. Iolanda e Rafael agora zeraram suas diferenças e poderão seguir evoluindo juntos.

– São os fundamentos reencarnatórios, é isso, Daniel?

– Sim, toda encarnação tem um objetivo. Tudo o que acontece durante o período expiatório tem um motivo. Tudo tem um propósito. Todos estão ligados uns aos outros por alguns fundamentos trazidos das encarnações anteriores. Assim, para que tudo se cumpra é necessário expiar, experimentar e viver.

– Eu agradeço por seus ensinamentos, Daniel.

– Nós é que agradecemos a oportunidade de passar essas informações a almas sofridas que precisam de nosso acalanto. Portanto, sigamos em frente, evoluindo, auxiliando e, acima de tudo, amando como Ele nos amou.

Emocionado, abracei a todos e retornei à minha simples e humilde vida de carteiro.

"Encarnando e desencarnando é que atingiremos o mais alto grau da evolução."

Osmar Barbosa

De volta à vida

Após alguns dias, voltei à Colônia.

– Oi, Marques!

– Olá, Osmar!

– Marques, eu não visitei ainda o terceiro hospital, você pode me levar lá?

– Vou levar você ao hospital e ao centro administrativo, lembra? Precisamos lhe mostrar aqueles irmãos que se encontram lá se preparando para reencarnar.

– Sim, preciso saber como isso funciona.

– Então, vamos!

Caminhamos novamente pela extensa alameda. Em uma rua à esquerda há um pequeno hospital chamado Luz Para Todos.

– Que nome estranho tem esse hospital, Marques!

– Não é estranho.

– Como ele funciona? Vejo que ele é bem pequeno.

– Venha, Osmar.

Entramos no hospital. Havia, na entrada, um grande balcão onde pude ver duas assistentes sentadas.

– Olá, Maria Eugênia!

– Oi, Marques!

– Esse é o meu amigo Osmar.

– Seja bem-vindo, Osmar! Eu já o conheço.

– Sim, vocês já se conhecem.

Lembrei-me dela das reuniões espíritas de nosso centro. Ela está sempre presente, muito perto de sua médium que trabalha conosco na caridade.

– Eu me lembro de você, Maria Eugênia.

– Eu trouxe o Osmar aqui para conhecer esse hospital.

– Que bom, Marques!

– Quero lhe pedir que explique a ele como esse hospital funciona, você pode fazer isso?

– Claro que sim, vamos lá: esse hospital, Osmar, é de onde partem todos os equipamentos e medicamentos que os médicos precisam para realizar as cirurgias espirituais nos centros espíritas espalhados sobre o orbe terreno. Nós recebemos a solicitação e providenciamos todo o equipamento e medicamento usados nos tratamentos espirituais das casas espíritas.

– Caramba, que legal! Eu posso conhecer?

– Sim, vamos entrar!

Marques e eu entramos no hospital. Há várias salas, algumas com medicamentos, algodão, gazes, ataduras e vários potes com líquidos de cores diferentes.

– O que são esses líquidos?

– São remédios trazidos pelos superiores, e que são utilizados nas cirurgias espirituais.

– Nossa!

Entramos em uma sala maior, onde pude ver vários equipamentos pendurados no teto. Alguns estavam sobre mesas sem pés.

– E esses equipamentos?

– São os instrumentos cirúrgicos usados nas cirurgias espirituais.

– Todas as Colônias têm isso?

– Não, só as que trabalham com cura.

– E quem leva esses equipamentos nos dias em que ocorrem as cirurgias?

– Voluntários – disse Maria Eugênia.

– Você é a responsável por esse hospital, Maria Eugênia?

– Não, eu auxilio a falange do Dr. Bezerra de Menezes. Aqui ficam alguns dos equipamentos que são utilizados por sua equipe.

– Meu Deus! Que lindo!

Fiquei por algum tempo calado, observando os instrumentos e equipamentos que eles deixam ali. Como é divina a vida no mundo espiritual!

– Está satisfeito, Osmar?

– Sim, Marques, muito feliz por esta oportunidade. Obrigado, Maria Eugênia, pela atenção e carinho.

– Estamos aqui para auxiliar a Ele, Osmar.

– Obrigado, querida mentora.

Abraçamo-nos e saímos do hospital. Marques então me leva ao prédio da administração.

– Venha, Osmar, vamos agora lhe mostrar como se processa a volta à vida física.

– A reencarnação?

– Sim, vamos agora observar aqueles irmãos que já estão refeitos e estão no prédio da administração para conscientizar-se da necessidade de reencarnarem para resgatar seus débitos.

– Nossa, estou ansioso!

Caminhamos lentamente admirando a beleza do lugar. Após alguns minutos, chegamos ao maior prédio da Colônia.

– Venha, Osmar, vamos entrar.

– Sim, Marques!

– Qual sala você quer visitar?

– Qualquer uma.

– Vamos à sala 7 onde Arquimedes já se encontra atendendo.

Caminhamos pelo extenso corredor até que chegamos finalmente à sala 7.

Havia dezenas de espíritos esperando para ser atendidos. Mulheres e senhores estavam ali alegres e refeitos. Fiquei muito impressionado com o estado físico daqueles espíritos. Eles estavam realmente felizes.

– Marques, esses espíritos estão refeitos?

– Sim, já passaram por todas as etapas de refazimento e conscientização. Agora estão aqui para decidirem para onde seguirão.

– É assim que funciona?

– Você e todos esses espíritos que estão aqui são livres. Aliás, todos nós somos livres, Osmar.

– Quer dizer que após eu me compreender e me aceitar como espírito eterno, eu decido se quero continuar evoluindo ou ficar por aqui?

– Não é bem assim, você tem um tempo para ficar aqui. A evolução está condicionada a seu estado espiritual atual.

Se você ainda não construiu dentro de si os sentimentos necessários para ficar aqui definitivamente ou transitoriamente, é necessário expiar na Terra, desfazer tudo aquilo que você fez de errado.

– Então esses espíritos terão que reencarnar?

– A maioria sim. Venha, vamos acompanhar um caso. Você lembra de Ana?

– Aquela menina que encontrou com a sua avó?

– Sim, ela mesma.

– Lembro.

– Pois bem, olhe para trás!

Virei-me e vi a Ana vindo em nossa direção.

Sorrindo, a menina veio em nossa direção. Minhas pernas ficaram bambas.

– Oi, Osmar! Oi, Marques!

– Oi, Ana – respondemos.

– Está na hora do meu atendimento com Arquimedes.

– Você agendou o seu horário?

– Sim, estou decidida, Marques. Vou voltar ao seio familiar para reencontrar minha mãe, minha irmã e meu pai.

– Olha que bom, Ana! – disse Marques.

– Vamos entrar?

– Sim, vamos – disse Marques me puxando para dentro da sala.

Entramos e Arquimedes veio ao nosso encontro com um enorme sorriso no rosto.

Ele é jovem, barbudo e se veste como um padre. Sorrindo, me abraçou e abraçou Ana.

– E aí, Ana, decidiu-se?

– Sim, Arquimedes, vou reencarnar.

– Que bom que você não vai desperdiçar esta oportunidade! Todos lá estão bem saudosos, ainda mais com a partida de sua avó.

– Eu conversei com a vovó e ela me aconselhou a voltar logo, resolver logo essas pendências. Eu quero ir, Arquimedes, se ainda for permitido, é claro.

– Tudo já está encaminhado, sua irmã está preparada para engravidar e dar a luz você. Juntas, mãe e filha, vocês poderão encurtar as diferenças e voltarem a se amar. Sua mãe será a sua avó e participará efetivamente da sua criação. Seu pai será o vovô bobão que fará todas as suas vontades. Só não se esqueça de resgatar tudo com a sua mãe; é para isso que você está indo, é para isso essa nova oportunidade.

– Pode deixar, eu vou caprichar nessa encarnação.

Meu peito se encheu de alegria. Senti ali o amor de Deus por todos nós. Ana recebe mais uma oportunidade. "Deus, como você é maravilhoso!", pensei.

Arquimedes parecia ouvir meu coração.

– Querido Osmar, escreva em seu livro esse lindo ensinamento. Ana agora vai para a Colônia Nosso Lar, ela já está preparada para o reencarne. Ela aceitou e decidiu extirpar as diferenças que ficaram com a sua mãe e irmã na última encarnação. Não se enganem, todos os espíritos estão expiando. Todos os espíritos estão em evolução e todos recebem e receberão sempre as bênçãos das oportunidades evolutivas.

Vá, escreva em seu livro que Deus é amor; e sendo Ele a única fonte de amor, todos nós um dia voltaremos a encontrá-Lo. Aqui se cumpre mais uma etapa na vida desse lindo espírito que chamamos carinhosamente de Ana.

Emocionada, a menina chorava abraçada a Marques. Eu não me contive e comecei a chorar.

Abraçamo-nos e nos despedimos de Ana, que seguiu para outra Colônia onde o amor está acima de todos os sentimentos.

– Obrigado, Arquimedes, meu amigo! – disse Marques se despedindo.

– Obrigado, Arquimedes, por seu ensinamento – disse--lhe secando as últimas lágrimas de meu rosto.

– Conte a todos como é que funcionam as Colônias, meu rapaz.

– Pode deixar.

Abraçamo-nos e nos despedimos, pois havia vários outros espíritos para Arquimedes atender.

– Venha, Osmar, vou levar você até o portão principal – disse Marques.

Após rápida caminhada chegamos ao portal de entrada da Colônia.

– Aqui me despeço temporariamente de você, Osmar.

–Não encontro palavras para descrever esses dias que passei ao lado de vocês.

– Descreva-os como DIAS DE LUZ.

– Obrigado, Marques.

– Vá com Deus...

Fim

"Assim são as Colônias Espirituais. Um lugar comum. Um lugar onde o amor está acima de qualquer sentimento. Um lugar de luz, paz e serenidade."

Osmar Barbosa

Outros títulos lançados por Osmar Barbosa

Conheça outros livros psicografados por Osmar Barbosa. Procure nas melhores livrarias do ramo ou pelos sites de vendas na internet.

Acesse

www.bookespirita.com

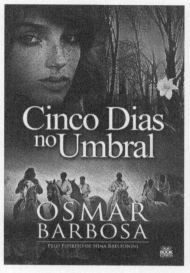

Aos 24 anos de idade, uma linda jovem desencarna por causa de uma doença no coração. Exausta e muito assustada, ela acorda no plano espiritual, em uma das enfermarias da Colônia Amor & Caridade. Quando ainda se recuperava desta intensa viagem de passagem, que todos nós faremos um dia, Nina recebe o convite que transformaria toda sua trajetória espiritual: se juntar a uma caravana de luz em uma missão de resgate no Umbral. Quem será que eles tinham que resgatar? Por quê? E que perigos e imprevistos encontrariam pelo caminho? Por que nem sempre compreendemos as decisões das esferas superiores? Você encontrará as respostas para estas e muitas outras perguntas no livro Cinco Dias no Umbral.

Após um longo período em orações, Felipe consegue permissão para buscar Yara, sua mãe, no Umbral. Ele e toda a caravana partem rumo à região mais sombria existente na espiritualidade para encontrar e trazer sua amada e querida mãe de volta à Colônia Espiritual Amor & Caridade. Quais os desafios que esses iluminados irão encontrar pela frente? Quem está com Yara? Será que cinco dias é tempo suficiente para que a missão seja cumprida? Nina suportará todos os desafios do Umbral? Você não pode perder a continuação do livro Cinco Dias no Umbral. Seja você o oitavo componente dessa missão de amor e solidariedade nas regiões mais densas da vida espiritual.

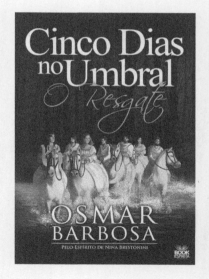

Uma história que nos completa e nos faz compreender a misericórdia divina em sua amplitude. Esta obra psicografada retrata a trajetória de um índio que, como espírito, também tem a oportunidade evolutiva. Ou índios, negros africanos, escravos etc., não são espíritos que merecem, como todos nós, filhos da criação, uma oportunidade? Esta obra é a prova viva de que Deus ama sua criação e proporciona a ela oportunidades evolutivas constantes. Como são recebidos esses espíritos na erraticidade? Existem colônias específicas para estes espíritos? Como são as colônias espirituais? Será possível eles auxiliarem na obra divina? E o amor, será que eles não amam? Quais as oportunidades? Onde estão seus familiares? Como estes espíritos podem evoluir? Para que servem essas experiências?

A prece é uma invocação: por ela nos colocamos em relação mental com o ser ao qual nos dirigimos. Ela pode ter por objeto um pedido, um agradecimento ou um louvor. Podemos orar por nós mesmos ou pelos outros, pelos vivos ou pelos mortos. As preces dirigidas a Deus são ouvidas pelos espíritos encarregados da execução dos seus desígnios; as que são dirigidas aos bons espíritos vão também para Deus.
Quando oramos para outros seres, e não para Deus, aqueles nos servem apenas de intermediários, de intercessores, porque nada pode ser feito sem a vontade de Deus.
O Espiritismo nos faz compreender a ação da prece ao explicar a forma de transmissão do pensamento, seja quando o ser a quem oramos atende ao nosso apelo, seja quando o nosso pensamento eleva-se a ele.

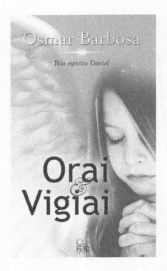

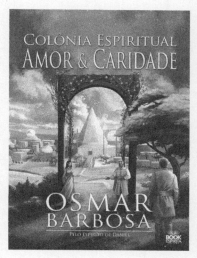

Posso garantir, sem medo de errar, que ao percorrer as páginas deste livro, você, meu querido amigo leitor, se sentirá caminhando ao lado do irmão Daniel e do menino Lucas pelos jardins e passaredos belamente arborizados da Colônia Amor & Caridade. Você presenciará conosco este momento único em que o sábio e o aprendiz caminham lado a lado em uma incrível troca de conhecimentos e experiências de vidas, onde é profundamente difícil definir quem está aprendendo mais com quem. Decerto, podemos afirmar que o maior beneficiado de todo este momento único na história seremos nós mesmos, meros seres encarnados, que estamos sendo merecedores de receber todo este conhecimento especial, fruto deste encontro, pelo conteúdo psicografado contido neste livro.

Diz-se que, mesmo antes de um rio cair no oceano ele treme de medo. Olha para trás, para toda a jornada, os cumes, as montanhas, o longo caminho sinuoso através das florestas, através dos povoados, e vê à sua frente um oceano tão vasto que entrar nele nada mais é do que desaparecer para sempre. Mas não há outra maneira. O rio não pode voltar. Ninguém pode voltar. Voltar é impossível na existência. Você pode apenas ir em frente. O rio precisa se arriscar e entrar no oceano. E somente quando ele entra no oceano é que o medo desaparece. Porque apenas então o rio saberá que não se trata de desaparecer no oceano, mas tornar-se oceano. Por um lado é desaparecimento e por outro lado é renascimento. Assim somos nós. Só podemos ir em frente e arriscar.

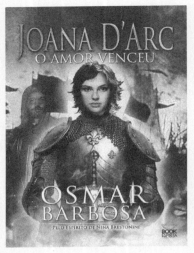

Segundo Humberto de Campos, pelo médium Chico Xavier, a última reencarnação de Judas Iscariotes na Terra foi da conhecida heroína francesa Joana D'Arc, queimada nas fogueiras inquisitoriais do século XV, conforme mensagem apresentada no livro Crônicas de Além-Túmulo.
Fiquei perplexo ao receber essa psicografia. Logo me preocupei em não discordar dos amados Chico Xavier e Humberto de Campos. Até procurei uma explicação questionando Nina Brestonini, o espírito que me passou este livro.
Conheça essa incrível história de amor e superação. Não perca a oportunidade de conhecer mais um pouco dessa jovem menina querida e destemida, chamada Jeanne D'Arc.

Aquilo que está vivo é uma possibilidade. Somente a morte coloca o ponto-final em algumas relações. Naquelas que mais importam, eu diria. Naquelas que nos inquietam e das quais nos cabe cuidar. Ao contrário das coisas materiais, é impossível resolver relações vivas. Elas podem ser cultivadas, saboreadas, vividas, mas não resolvidas. Elas prosseguem. Nunca haverá a conversa definitiva com aqueles que a gente ama. Talvez haja a última, mas isso não se sabe.
Este livro traz a história de Hernani, um estudante de medicina que após ser baleado durante um assalto fica paraplégico.

Se você está pensando em se suicidar, deve procurar saber o que acontece com um suicida logo após a morte, correto? Eu não tenho boas notícias para você. O suicida é, sem dúvida nenhuma, o ser que mais sofre após a morte.
Primeiro, você precisa saber que nada se perde neste universo. Ao morrer seu corpo volta para a Terra, e sua mente, sua consciência, seu EU, que chamamos de espírito, não desaparece. Ele continua vivo. O que dá vida a seu corpo é justamente a existência de um espírito que anima a matéria.
Então tentar se matar achando que você será apagado do universo para sempre é uma tolice. O seu corpo realmente vai desaparecer na Terra, mas você continuará existindo.

Nós já sabemos que algo está acontecendo em nosso planeta, temos a consciência de que é chegada a hora da transformação planetária tão necessária ao equilíbrio evolutivo da humanidade. Jesus nos alertou por meio da parábola do joio e do trigo, que é chegada a hora desta tão sonhada transformação. Nosso planeta está mudando. Sabemos que muitos de nossos irmãos não terão mais a oportunidade de encarnar entre nós. Eu convido você, por meio desta obra, a tomar conhecimento de como será o exílio daqueles espíritos que após receberem diversas oportunidades não se alinharam ao amor divino. Saiba como você pode se livrar de ser exilado deste orbe.

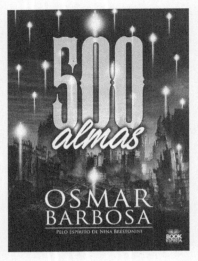

Ao longo da história já ocorreram incontáveis situações de desencarne coletivo. Ações da natureza levaram incontáveis pessoas ao desencarne.
Na história recente temos presenciado situações de desencarne por outras razões, como naufrágios, acidentes aéreos, incêndios, desabamentos, ocupações de áreas de risco, terremotos, tsunamis, e outras.
É característico do ser pensante refletir sobre sua vida e sua interrupção. E por isso temos nos perguntado sempre: por que ocorrem estas situações? Por que muitas pessoas desencarnam ao mesmo tempo? Para onde vão estes espíritos? Como tudo é organizado nestas grandes catástrofes? E as crianças? Como ficam nesta hora? Podemos reencontrar nossos familiares que já desencarnaram? Por que tantas vidas são ceifadas ao mesmo tempo?

Somos livres. A cada instante, escolhemos pensamentos, decidimos caminhos, revelando o volume das nossas conquistas e das derrotas. Distraídos, alimentamos fantasias, acariciamos ilusões e brigamos por elas, acreditando que representam a nossa felicidade plena. A visita da verdade, oportuna, nos faz reciclar valores, modificar ideias, aprender lições novas, caminhar para frente, conquistando nossa tão sonhada evolução espiritual. Sempre nas mãos do amor divino, onde tudo nos é permitido.
De onde vêm os Exus?
Por que são chamados assim? Quais os desafios que encontraremos após deixarmos a vida física? Por que Exu é tão discriminado? O amor, será que o levamos para a eternidade?

Após perder seu pai e seus melhores amigos ciganos em um massacre cruel, Rodrigo segue em uma jornada desafiadora orientado pelo seu mentor espiritual. Ele viaja para a Capadócia e Alexandria, onde encontros inesperados e perdas irreparáveis o esperam. Que caminhos deve seguir este cigano? Quais os desafios? As perdas? Será que ele conseguirá cumprir a missão determinada por seu mentor espiritual? E o amor? Quem será a cigana que o espera? Será seu destino? Você encontrará as respostas para estas e muitas outras perguntas no livro Gitano – As Vidas do Cigano Rodrigo.

Parei para pesquisar o significado de família... Família é um grupo de pessoas, que dividem o mesmo gosto pela vida. Que dividem o mesmo sentimento. Que não importa não dividir o mesmo sangue. Apenas por dividir os mesmos sentimentos... Como tudo isso acontece? Como escolhi meus pais? Meus amigos? Será que eu pude escolher os meus pais? Como os encontros são arquitetados pela espiritualidade? Por que nasci nesta família? Por que meu pai é meu pai e minha mãe é minha mãe? Por que tanta dificuldade em viver com meus familiares? Por que os casamentos se frustram? Será que sou diferente? Será que é uma bênção? Ou será um castigo? Saiba como tudo isso é organizado antes de nossa vida atual.

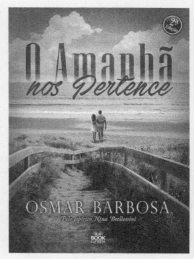

Todos nós já estamos cansados de saber que o suicídio é um caminho sem volta. Que a alma que comete o suicídio sofre muito e que essa atitude só atrasa a evolução pessoal de cada um. Como reagir à perda de um ser tão importante para nossa vida? Como reagir à morte de um filho, na tenra idade? Será que o Criador está castigando a criatura? Por que morrem nossos filhos? Por que morrem as pessoas que mais amamos de forma tão trágica e dolorosa? Será que Deus pode nos livrar de um suicídio? Neste livro você encontrará respostas para essas e tantas outras questões que envolvem a maternidade e a convivência familiar. E para brindar nossos leitores, no final desta linda história psicografada, você recebe algumas cartinhas de crianças que desencarnaram e se encontram na Colônia Espiritual Amor e Caridade.

*Somos o resultado de nossas escolhas e de nossa coragem, de nossas experiências e aprendizados. Aqueles que têm pouca fé se transformam em alvo fácil dos que buscam escurecer a luz da verdade. Mas aqueles que creem com fervor, esses são assistidos diretamente pelos espíritos mais puros dos universos de luz, por anjos guardiões enviados diretamente por Deus.
Neste livro você vai conhecer o Fernando, que sofre desde menino por ser homoxessual. Sua irmã Raquel tenta a todo custo auxiliá-lo a enfrentar o preconceito, as diferenças e acima de tudo a dificuldade familiar. A escola? A rua? As festas? Por que meninas estão beijando meninas e meninos estão beijando meninos? Como lidar com essas diferenças? Como é ter em casa dois filhos homossexuais?*

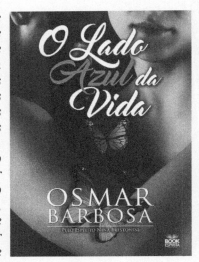

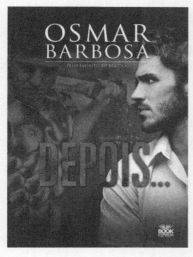

Existe vida após a morte? Qual é o motivo da vida? De onde viemos? Para onde vamos? Quem sou eu? Por que nasci nesta família, neste continente, neste país? Por que o meu pai é o meu pai, e a minha mãe é a minha mãe? Meus irmãos, quem são? E minha família? Por que eu estou aqui? Por que neste corpo, nesta pele, falando este idioma? Tudo termina com a morte? Deus existe? Ao acompanharmos a trajetória de Nicolas, iremos compreender muitas coisas. Vários porquês serão respondidos neste livro. O mais importante para mim, como escritor que psicografou esta obra, é chamar a atenção de todos os leitores para a necessidade de trazer para dentro de nossa alma a compreensão de que somos ainda aprendizes dessa nova era.

Algumas vezes ficamos sem entender muito bem as coisas que nos acontecem. Ficamos desolados e tristes com as dores que vivenciamos, e na maioria das vezes estamos de pés e mãos atados, vivenciando dramas sem que nada possamos fazer. De onde viemos? Para onde vamos? Qual o objetivo de Deus quando nos impõe provas tão duras? Será que é Deus quem determina o sofrimento? Você é meu convidado a experimentar e descobrir como tudo isso acontece e como os bons espíritos podem nos ajudar revelando para nós, O Lado Oculto da Vida.

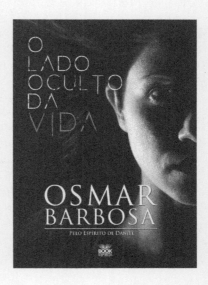

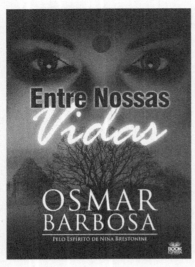

Às vezes, encontramos muitas dificuldades em compreender nossos sentimentos. Apaixonamo-nos por pessoas que saem de nossa vida sem nos dar sequer uma última chance, sem ao menos dizer adeus, e a dor que fica, levamos pelo resto de nossa caminhada terrena. O amor sincero, o amor verdadeiro, a paixão que assola nosso ser, que estremece nosso corpo e atinge nossa alma, que traz secura em nossos lábios. Isso é a dor da alma ferida. As separações e as perdas fazem parte da vida, mas compreender isso quase sempre é impossível. E conviver com essa dor é para poucos. Nas linhas deste livro você vai encontrar respostas para alguns questionamentos que fazemos todos os dias. O amor de Mel e Rabi atravessa linhas inimagináveis. Como se processam os reencontros na vida terrena? Estamos predestinados a viver ao lado de alguma pessoa? Na reencarnação podemos escolher nosso par?

Ser médium é a coisa mais divina que nos pode acontecer. Quando você compreende e se preocupa em como vai usar esse privilégio, tudo a seu lado se torna divino. "Não dá para brincar de espiritismo, não dá para brincar de ser médium."
Embora ser médium seja um grande desafio, pois muitas vezes nos falta a orientação correta, como posso exercer minha mediunidade com segurança? Como não piorar minha situação no mundo espiritual, pois sabemos que todo médium é um grande devedor? Qual o caminho? Como acreditar em todas as experiências que acontecem comigo? Serão todas elas verdadeiras? Por que eu sou médium? De onde vem à mediunidade? Qual é a hora certa para me desenvolver?...

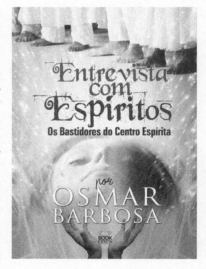

É experimentando as vidas corpóreas que todos os espíritos se tornaram perfeitos. Você pode achar que isso é impossível, mas poderemos observar nas linhas deste livro que tudo é possível quando desejamos sinceramente.

Você vai conhecer uma história que certamente irá mudar a sua visão em relação à vida e como ela deve ser vivida. Você vai poder acompanhar como o amor de Deus por seus filhos se processa nas esferas mais densas da espiritualidade. O que seria de nós se não existissem esses médicos de Deus espalhados por todas as Colônias Espirituais e por todos os lugares do Universo?

Os animais são nossos "irmãos mais jovens!" e, embora estejam se organizando futuramente eles alcançaram um estágio tão elevado quanto o nosso. "Evoluir é o destino de todos os espíritos".
Mesmo diante de tantas contradições com os ensinos dos Espíritos superiores. Jamais se afirmou que os cães e os animais não tem alma. Tem-se um princípio inteligente, tem algo mais que matéria, e isso é Espírito. Deus não deixa de criar, Ele é o criador de todas as coisas e cria a todo momento.

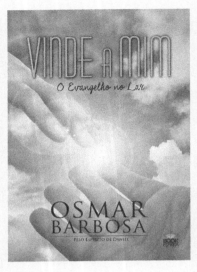

O suicídio bate à porta de milhares de famílias todos os dias. A falta da reunião familiar, do momento de debate e culto no lar, é sem sombras de dúvidas um dos motivos aos quais nossos jovens estão deixando a vida tão cedo.
A família é onde nos reencontramos para os ajustes espirituais. Filhos, irmãos, avós, tios, pais e demais familiares, são espíritos que decidiram experimentar conosco está encarnação, e através dessas experiências, evoluímos juntos. Lar com Jesus e o evangelho, é um lar de compreensão, de ternura e de amor. Neste livro, Daniel nos convida a uma reflexão profunda sobre os ensinamentos de Jesus e de seus apóstolos.
Bem-vindos ao livro, Vinde à Mim – O Evangelho no Lar.

É triste para nós tudo o que está acontecendo. É triste para nós não sermos ouvidos – diz Lucas.
Vocês elitizaram o espiritismo. Vários são os médiuns que são intuídos a abrirem um centro espírita para auxiliar espíritos sofredores, para passar ensinamentos da vida após a vida, e o que vemos? Vemos casas espíritas disso, centro espírita daquilo, reunião espírita disso, encontro espírita daquilo, casas espíritas onde os mais humildes não podem entrar, onde os espíritos são escolhidos para trabalhar, como assim? És conhecedor da vida após a vida? Ou achas que as obras que lhe foram apresentadas até os dias de hoje, são suficientes para compreenderes a vida após o desencarne?

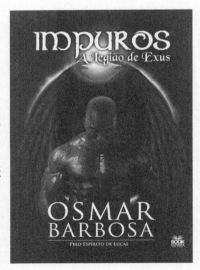

Esta obra foi composta na fonte Century751 No2 BT, corpo 13.
Rio de Janeiro, Brasil.